QUIRIN GRAF ADELMANN

W0173620

SCHWACH
LANGSAM
IDEENLOS
HERRSCHAFT DER
MITTELMÄSSIGKEIT

Das Neue Berlin

Quirin Graf Adelmann

Quirin Graf Adelmann ist in Frankreich mit zehn Geschwistern aufge-
wachsen und Anfang der 90er Jahre nach Berlin-Oberschöneweide
gezogen, um Rechtswissenschaften zu studieren und Fußball beim
1. FC Union Berlin zu spielen. Während des Studiums hat er den
FC Karlshorst 1995 e.V. gegründet. Der Verein spielte zeitweise mit
22 Mannschaften und 700 Mitgliedern im Berliner Fußball-Verband.
Nach Abschluss an der Humboldt Universität hat sich Graf Adelmann
für ein berufliches Leben in der Berliner Wirtschaft entschieden. Als
Einstieg übernahm er die Führung der Herbst Motorsport-Gruppe im
Jahr 2000 in der nachwendlich turbulenten Automobilbranche (ohne
Fahrzeughandel). Nach weiteren Stationen in einer kanadischen
Produktionsbäckerei in Berlin sowie einem internationalen Family
Office machte er sich 2010 selbstständig. Dabei gehören viele Aktivi-
tätsfelder aus den Bereichen Immobilien, Sozialer Wohnungsbau,
Kultur, Sport, Musik, Start-ups (FinTech,GovTech & BioTech), Gastro-
nomie, Mobilität, Bildung und Gesundheit zum Portfolio. Mit einem
Umbruch 2021 reduzierte er sein Portfolio auf 25 aktive Unternehmen.
Neben den wirtschaftlichen Schwerpunkten mit zahlreichen Impact-
Unternehmungen gehören auch Gemeinwohl-Aktivitäten im Bereich
Gesundheit, Musik, Bildung und Sport zu seinem natürlichen Engagement. Die vielseitigen persönlichen Erfahrungen mit zahlreichen
Herausforderungen innerhalb von Teams, Behörden, Banken,
politischen Rahmenbedingungen und wirtschaftlichen Krisen in einer
sich ständig verändernden Hauptstadt führten zuletzt zu diesem
Buch. Verantwortung durch Umsetzung zu übernehmen und damit
täglich der Realität ausgesetzt zu sein, persönliche Risiken einzugehen und Lösungen zu schaffen, qualifiziert Graf Adelmann zu
diesem Buch.

Einleitung

Positiv ausgedrückt befindet sich unsere Gesellschaft in einer Sinn-krise. Menschen fragen sich, was sie mit ihrer Lebenszeit anfangen sollen und was sie erreichen können oder wollen. Volksvertreter bilden sich aus Parteien, die Berufspolitiker mit immer weniger Bezug zu Realität bündeln. Daneben steht der Staat, der mit seinen Organen in einer Art Starre verharrt und dem Bürger pädagogisch erklärt, was richtig und was falsch ist. Also greift er – angefangen bei den öffentlich-rechtlichen Medien – in unser Leben ein. Dabei wachsen Vorschriften und Apparate trotz der Möglichkeit der Digi-talisierung stetig an und reagieren nur auf die Lautesten. Diese Lautesten sind aber nicht die Mehrheit, sondern in der Regel teilweise religiös agierende Minderheiten. So entsteht eine geballte Schock-starre zwischen Moralpredigt eines wachsenden Staates bei gleich-zeitiger Lustlosigkeit in der Gesellschaft, etwas Nachhaltiges zu schaffen und sich um die Infrastruktur der Zukunft zu kümmern. Die Qualität und Motivation jedes Einzelnen, etwas zu bewirken, nimmt simultan konstant ab. Es bilden sich plötzlich Berufsgruppen, die inhaltlich nicht durch die Besten besetzt sind, sondern allein aufgrund des Geschlechts, der Zugehörigkeitsdauer, der Anschauung und des sozialen Gefüges gequotelt werden.

So entsteht eine Diktatur der lauten Minderheit. Im Gesinnungs-besetzungswahn werden nun private Aufgaben nicht nur durch immer mehr Normen reguliert, sondern vom Staat selbst im Anschein des privaten Konsenses übernommen oder konkret vorgegeben. Wenn dann eine Krise von außen kommt, werden die Schwächen dieses Systems sichtbar.

In diesem Buch werden zahlreiche Detailthemen chronologisch aus den letzten drei Jahren mit Texten aus der jeweiligen Zeit mit dem Schwerpunkt auf Berlin angegangen. Aus der Perspektive des dort stärksten Marktbereichs werden die konkreten Missstände in unserer Gesellschaft aufgedeckt und vorgehalten. Die Texte sollen auf ironische Weise zum Nachdenken anregen, was besser werden muss, wenn unsere Gesellschaft überleben und sich nicht selbst verbrauchen will. Dabei sind die zahlreichen Beispiele nicht aus der Ferne beschrieben, sondern beruhen auf eigenen Erfahrungen des Autors, der selbst nicht einfach zuschaut, sondern Lösungen in der Realität anbietet und umsetzt.

Berlin, im Oktober 2022

Inhalt

19. Mai 2018

Im Januar 2018 hatten wir beschlossen, in der Alten Münze Berlin eine Ausstellung zu den 90er Jahren zu machen. Die Ausstellung wurde in sechs Monaten konzipiert und innerhalb von sechs Wochen gebaut: www.nineties.berlin. Problematisch war zu diesem Zeitpunkt, dass die Immobilie dem Land Berlin gehörte und Zwischennutzungen von mehr als einem Jahr vertraglich nicht vereinbart werden konnten. Auch nach der Eröffnung am 2. August 2018 hatten wir keine Baugenehmigung erhalten – die Behörden arbeiten nun einmal langsamer. Obwohl seit 15 Jahren alles von Baubehörden weg in private Verantwortung geleitet wurde (selbst B-Pläne werden inzwischen von Privaten organisiert und bezahlt) und Baubehörden nur noch abnicken müssen, benötigen diese mehr als zwei- bis dreimal so viel Zeit wie die Planung (Gestaltung und Fachplaner) selbst. Ich wurde dann Anfang 2018 zu einer Podiumsdiskussion eingeladen, bei der es um die neue Konzeption des Landes Berlin zur Bekämpfung des „overtourism" ging. In angeblich wissenschaftlicher Arbeit und unter Beteiligung aller wurde das „Tourismuskonzept 2018" angepriesen. Die anwesende Staatssekretärin konnte schon nicht mehr einhalten, dass eine Beteiligung aller stattgefunden habe. Die beauftragte Marketing-Agentur entschuldigte sich später persönlich dafür, dass unangenehme Bestandteile der Recherche gestrichen wurden. Der anwesende neue Präsident der DEHOGA verteidigte sogar das Konzept, obwohl Hotels künftig nicht mehr in zentralen Lagen genehmigt werden sollten und er selbst als Hoteldirektor und Interessenvertreter der Hotels betroffen ist. Dieser Unterwürfigkeit entgegnete ich mit dieser ersten Kolumne für den Interessenverband Intoura.

Goodbye,
Stadt der Freiheit!

**Der Berlin-Besucher als Belastung und
Nutzobjekt der Umverteilung:**
Das Berliner Tourismuskonzept 2018+ soll Berlin zum Vorreiter für stadtverträglichen Tourismus machen, stellt die aktuelle Situation aber falsch dar und gibt bizarre Ziele vor.

Executive Summary
Ein Konzept stellt immer eine Idee oder Initiative unter dem Einsatz von Menschen in den Vordergrund. Das Land Berlin – also der Staat – sollte sich im Bereich Tourismus zuallererst damit beschäftigen, die Infrastruktur zu verbessern und ein möglichst hohes Maß an Sicherheit für Touristen und Berliner zu schaffen. Es gilt, Berlins Image als „Stadt der Freiheit" weiter nach außen zu tragen und bewusst den Vergleich mit anderen Städten zu wagen, um europaweit und global attraktiv zu bleiben. Berlin sollte Regionen und Menschen dieser Welt, die unsere Stadt bisher nicht im Blick hatten, ansprechen und damit innovative Ideen und Fürsprecher gewinnen, um Berlin zu ihrem neuen Lebens- und Gestaltungsmittelpunkt zu machen sowie die Akzeptanz der Berliner für ihre Besucher zu verbessern.

Das neue Tourismuskonzept 2018+
will den Touristen in seiner Qualität erhöhen und ihn zeitlich und räumlich in und auf ganz Berlin verteilen. Damit solle die gesamte Stadt von den Einnahmen profitieren und gleichzeitig die Auswirkungen einer Touristenkonzentration auf wenige und zentrale Sehenswürdigkeiten vermindert werden, so der Plan. Die Wortwahl des Konzepts erinnert aber eher an die Kommunikation in der Flüchtlingskrise, als es um Belastung und Umverteilung ging.

Sie zeigt damit exemplarisch die Einstellung der Gastgeber zu ihren Besuchern. Dabei stellt der Senat durchaus zutreffend fest, dass Berlin von Besuchern als „Stadt der Freiheit" wahrgenommen werde und mindestens 235.000 Menschen in Berlin vom Tourismus in Vollzeit lebten. In zentralen Lagen Berlins kämen aktuell „nur" knapp die Hälfte der Besucher auf die Einwohner (9 Besucher/Einwohner) im Vergleich zu Städten wie Amsterdam, Paris oder Prag.

Die zuständige Senatsverwaltung für Wirtschaft, Energie und Betriebe sowie visitBerlin erarbeitete zusammen mit der Humboldt-Innovation GmbH und der dwif-Consulting GmbH das Tourismuskonzept 2018+ sowie einen Maßnahmenkatalog. Was ist demnach zu tun? Der Tourist wird als „New Urban Tourist" bezeichnet; verschiedene Maßnahmen sollen die Besucher erziehen, steuern, überwachen und verteilen, um die Belastung für die Bevölkerung zu mindern. Aber was passiert, wenn es in Berlin zu einem weiteren Besucherwachstum kommt? Haben wir dann nicht dieselben Themen wieder auf dem Tisch? Was machen wir, wenn wir plötzlich – vergleichbar mit Amsterdam, Paris oder Prag – 17 Besucher pro Einwohner haben? Einen Besucherstopp verhängen? Wir als Arbeitgeber und Anbieter der Berliner Attraktionen brauchen Unterstützung durch Berlin bei Fragen wie Sicherheit, Infrastruktur, Sauberkeit, dem Markenauftritt Berlins international oder auch darin, Genehmigungsprozesse zu erleichtern, um frische Ideen im Bereich Tourismus & Kultur schnell, innovativ und komplikationsarm nach Berlin ziehen zu können. Wie? Dazu schweigt sich das neue Konzept nahezu vollständig aus.

Tourismus 2018+: Steuerung und Hürden

• die aktive Besucherlenkung in die Außenbezirke
• neue Genehmigungshürden für die Errichtung von
Beherbergungsbetrieben und Gastronomie (in zentralen Lagen)
• eine aktive, steuernde Rolle im Qualitätsprozess der
Bewertungsportale, u.a. mit dem Ziel der Preiserhöhung von
Übernachtungen (Ob durch Zensur oder landeseigene Bewertungs-
schreiber sei vorerst dahingestellt.)
• die gerechte Verteilung von Touristen auf die Bezirke und des damit
verbundenen Erfolgs z.B. zum Schloss Britz, Schloss Biesdorf oder
Zitadelle Spandau
• die Erhöhung der Bezahlung der im Tourismus Beschäftigten
• einen stadtverträglichen Tourismus durch Governance, qualitative
Wertschöpfung, Partizipation, Monitoring & Kiez basierte Tourismus-
steuerung
• Inklusion und Barrierefreiheit
• die Entwicklung einer verhaltensorientierten Zielgruppendefinition und
somit die Auswahl und Ansprache stadtverträglicher Besuchergruppen
• neue Partizipationsformate wie Bürgermitbestimmung und Bürger-
initiativen
• die Einrichtung eines Frühwarnsystems bei Problemen mit Besuchern
durch Bürgermeldungen
• die zentrale Übernahme von Markenführung und Vermarktung durch
das Land Berlin
• die Entzerrung der touristischen Nachfrage (nach Saison und
Tageszeiten)
• die aktive und stadtverträgliche Mitgestaltung des Ausflugsverhaltens
von Berlinerinnen und Berlinern sowie
• das Setzen von Preisstrukturimpulsen

Die Verbesserung der Infrastruktur in den Außenbezirken ist zu begrüßen. Sehr viele Menschen bevorzugen jedoch eine freie Reisewahl (man bedenke, dass Besucher im Durchschnitt nur noch knapp zwei Tage in der Stadt bleiben). Die Entwicklung neuer Ideen kann nicht durch Steuerung von Betrieben, Besuchern und Bewohnern der Stadt erfolgen. Besucher wollen kurze Wege in einer Stadt, sich dabei sicher fühlen, Sauberkeit und – im Idealfall – Gastfreundschaft vorfinden. Brandenburg hat die eigenen Idealvorstellungen bei Betrieben und Touristen (sozusagen wieder die Natur und das erfolgreiche Image dieser Stadt) durchzusetzen versucht, aber bereits Mitte der 90er-Jahre aufgegeben, als es versuchte, mit immensen Steuermitteln Wohnen zu dezentralisieren.

Das neue Tourismuskonzept funktioniert dann – leicht überspitzt – in der Praxis wie folgt: Ähnlich wie vor einem Flug in die USA oder nach Israel will Berlin seinen Besuchern am Abreiseort Benimmregeln erklären und über örtliche Gepflogenheiten aufklären, um ungeliebte Partytouristen herauszufiltern und von einem Berlin-Besuch abzubringen. Darauf aufbauend sollen Touristen durch Bewertungen von Sehenswürdigkeiten (welche die Stadt selbst erstellt oder zensiert?) in die Außenbezirke gelockt werden und „Bürgerwehren" in einem Frühwarnsystem Standorte und Betriebe melden, in denen kein „Qualitätstourismus" stattfindet, damit hier steuernd (Verbote?) eingegriffen werden kann.

Blaue Plakette für Tourismus?

Man könnte sich auch die blaue Tourismus-Plakette vorstellen oder gemäß dem Vorbild von Bhutan eine Besucherpauschale: Bhutan verlangt derzeit ein „Minimum Daily Package" von 200 bis 250 US-Dollar pro Tag von jedem Besucher. Er wird dafür von Bhutan untergebracht, der Reiseführer wird gestellt und die Auswahl der Routen vorbestimmt.

Letztlich – und das ist besonders bedenklich – soll der „Qualitäts-
besucher" gleichmäßig über das Jahr verteilt in Berlin ankommen
und täglich nach Plan verteilt werden. Dieses erfolgt z.b. durch freien
Eintritt in staatliche Einrichtungen, damit sich der Besucher durch
Preissteuerung gleichmäßig auf ganz Berlin verteilen lässt („Preis-
impulse setzen"). Ein derartiger Eingriff setzt Steuergelder ein, um
Arbeitsplätze im Wettbewerb zu privaten Einrichtungen zu reduzieren.
Die sinkenden Steuereinnahmen privater und zentraler Einrichtungen
gefährden dann direkt staatliche Einrichtungen, die sich durch Steuern
finanzieren. Dieses hohe Risiko nimmt Berlin in Kauf, um die „Touris-
tenbelastung" einzudämmen, die Berlin seit zwanzig Jahren am Leben
erhält. Man darf ruhig ehrlich sein: Am Ende fehlt Berlin eben ein
Louvre oder ein Buckingham Palace – und zwar leider auch in Britz.

Benachteiligung von nicht-staatlichen Einrichtungen
Insbesondere die privaten Einrichtungen, die nicht über öffentliche
Gelder verfügen, um sich sorgenfrei auszuprobieren oder alles immer
gleich zu belassen, haben aktuell mit Besucherrückgängen von 10 bis
25 % zu kämpfen. Die jüngste Analyse der Besucherströme hat
ergeben, dass im Vorjahresvergleich aktuell knapp 10 % weniger
internationale Gäste nach Berlin kommen und nur noch halb so lange
in Berlin bleiben.

Für uns steht insofern immer im Vordergrund, dass jeder Mensch in
der „Stadt der Freiheit" eigenen Gestaltungsspielraum haben sollte,
um den Besucher und Bewohner von neuen Ideen, Standorten und
deren Gestaltung durch ungesteuerte Qualität zu überzeugen.

Die Frage, ob der Berlin-Tourist einen Ort besuchen darf oder „aktiv
von oben" gelenkt wird, kann nicht Teil eines staatlichen Tourismuskonzepts 2018+ sein. In diesem Sinne lassen Sie uns gemeinsam alle

Tourismusakteure einbinden und die Partizipation aller Beteiligten leben, damit die thematische Auseinandersetzung in den Vordergrund rückt und keine Planung auf dem Reißbrett stattfindet. Menschen zu bestimmen und gemäß der Wortwahl, also der neuen Denkweise dieser Stadt, als Belastung einerseits und als Geldbringer zur Umverteilung andererseits zu sehen, ist in einem freien Land der falsche Weg.

Geheimniskrämerei ist nicht förderlich

In Zeiten der Transparenz und des Informationsfreiheitsgesetzes sowie der behaupteten Bürgerbeteiligungsmentalität ist erschreckend, dass ein Tourismuskonzept bei der Entwicklung geheim gehalten wurde, als wäre es ein Staatsgeheimnis. Nur Ausschnitte wurden auf Fragebögen abgefragt. Wovor hat der Senat Angst? Vor der Realität oder vor einer ehrlichen und konkreten Auseinandersetzung mit denjenigen, die direkt mit den Besuchern arbeiten und Problemen mit Quantitäts-Trinktouristen täglich begegnen? Ein Mensch lässt sich auch im 21. Jahrhundert nicht aktiv lenken. Er kann sich selbst aussuchen, ob er Berlin oder Deutschland interessant findet. Direktflüge nach Berlin sind ebenso schwierig wie die Sicherheit an zentralen Stätten. Der Staat muss als Erstes seine Kernaufgaben wahrnehmen. Dazu gehört nicht die Steuerung der privaten Komfortbereiche der Zentrumsbewohner.

Würden Sie Prag besuchen, wenn Sie erfahren, dass die Stadt Prag den Touristen erzieht, lenkt, verteilt, überwacht und meldet? Wenn Prag Bewertungsportale beeinflusst, um Sie zu beeinflussen?

Soll der Berlin-Besucher an seinen zwei bis drei Aufenthaltstagen nicht möglichst viel sehen und frei und intensiv erleben dürfen? Darf der private Attraktions-Initiator keine standortunabhängigen Ideen mehr entwickeln und ausleben? Kann die Planwirtschaft nicht doch funktionieren? Sollten dann nicht auch die gesamte Wirtschaft und natürlich auch das Privatleben geplant werden? Fleischfreie Bezirke, Tempo 30 auf allen Straßen, Nachtruhe ab 20 Uhr, Alkoholverbot ab 22 Uhr.

Gute Nacht, Berlin. Du warst eine Stadt der Freiheit und Entfaltung.

15. März 2020

Die Nineties-Ausstellung lief bis Ende 2019. Da wir konzeptionell weiter inves-
tieren wollten, aber keine Vertragsverlängerung erhalten sollten, weil das Land
gut 35 Millionen Euro in die Alte Münze investieren und die Nutzungen neu fest-
legen wollte, mussten wir raus (übrigens hat sich dazu auch bis Ende 2022 nichts
getan). Ich hatte ja immer noch das DDR Museum. 2019 kümmerte ich mich
außerdem um einige eigene Start-ups. Zwei davon wurden an Investoren ver-
kauft. Es war eine ausgezeichnete Zeit, Träume zu verkaufen. Im Januar dann
steckte sich der erste Deutsche mit Covid-19 an. Am 14. März verkündete der
Senat die Zwangsschließung aller Bars, Clubs und auch aller Museen. Dieser
Text entstand in Folge der Zwangsschließung des DDR Museums.

Zusammenhalt und Entscheidungen
in Zeiten des Corona-Virus

Klimawandel, Migration, Corona-Krise und andere tiefgreifende
Veränderungen innerhalb von Gesellschaften sind hinsichtlich der
zu ergreifenden Maßnahmen immer auch eine Frage der Balance
und des Timings. In solchen Zeiten wird klar, wie stark sich Verant-
wortungsträger, aber auch die Menschen einer Gesellschaft mit den
eigentlich wichtigen Inhalten auseinandersetzen und Lösungen
anstreben müssen, die den Fortbestand eines friedlichen Zusammen-
lebens garantieren. Entscheidungen müssen auf Basis echter Zahlen
und Fakten erfolgen und sich unabhängig von politischen und religiösen Interessen absetzen. Menschlichkeit bedeutet zuallererst,
Informationen transparent zu machen und das Verhältnis zwischen
relativen und absoluten Zahlen darzulegen. Die WHO hätte es beispielsweise viel einfacher, wenn sie nicht aus rein politischen Gründen
Regionen und Menschen (z.B. in Taiwan) von jeder Betrachtung aus-
nehmen würden. Berlin wird keine Ausnahme von dieser Grundein-
stellung sein. Die Schließung vieler Betriebe trifft alle gleichermaßen
und wird schwerwiegende Konsequenzen haben, wenn der Zustand
sich länger als bis Ende April 2020 ausdehnt. Ein Rückgang der
Einnahmen bis zum Nullpunkt, daraus folgend existenzbedrohende
Liquiditätsengpässe und monatelange Anstrengungen nach der
Wiedereröffnung werden die Konsequenz sein.

Die Krise trifft nicht nur den Tourismus, sondern alle
Es wäre falsch, sich mit diesen sehr realen Prognosen allein auf die
rund 235.000 Beschäftigten im Tourismus zu beziehen. Nein, es trifft
ebenso produzierende Unternehmen, Start-ups und andere Einrichtungen, die aufgrund des Fernbleibens ihrer Mitarbeiter*innen (u.a.
durch Schulschließungen und fehlende Kinderbetreuung)

darunter leiden. Die Pandemie stellt uns alle auf die Probe. Deshalb muss die Abwägung zwischen der Gesundheit der Mitarbeiter*innen und deren Angehörigen und dem Weiterlaufen der Wirtschaft intelligent, faktenbasiert und sozial erfolgen. Panik ist hierbei der größte Feind.

Als erste Entlastung können Unternehmen ihre Beschäftigten in Kurzarbeit schicken. Diese Maßnahme hilft, den wahrscheinlich größten finanziellen Posten, nämlich die Personalkosten, zu reduzieren. Auf Dauer wird dies für die Beschäftigten aber zur Belastung, da 40 % des Nettolohns einfach wegfallen. Deshalb wäre es gut, wenn auch die jeweiligen Mietbelastungen für Gewerbemieter und Privatleute entsprechende freiwillige temporäre Senkungen erfahren würden, damit alle Teile unserer Gesellschaft gleichermaßen solidarisch mit dieser extremen Situation umgehen. Verantwortung zu übernehmen ist auch für die notwendig, die keine Ideen fördern und keine Menschen beschäftigen.

Kredite oder besser Erleichterungen für Unternehmen?
Die aktuellen Vorschläge der Politik (hier am Beispiel des Bundes) zeigen, warum das kritische Hinterfragen von Hilfsangeboten eminent wichtig für unser System und die Demokratie ist: Die KfW soll während der Krisenzeit unbegrenzt Kredite für Unternehmen bereitstellen. Diese Maßnahme klingt zunächst fast barmherzig, ist aber höchst gefährlich. Abgesehen davon, dass die Bewilligung und Auszahlung der Gelder für gesunde und dennoch gefährdete Unternehmen sehr schnell erfolgen muss, bleiben es Kredite. Die Bereitstellung dieser Kredite bedeutet nichts anderes als die Abwälzung der Krisenkosten (selbst bei 0 % Zins) auf die Unternehmen. Vergleichbar ist das mit einer Zwangshypothek auf die Zukunft. Wem das Prozedere eines Kreditantrags geläufig ist, der dürfte die enorme Herausforderung sehen, wenn die Prüfung schnell und dennoch nicht wahllos durchgeführt werden soll. Von echter

Verantwortung ist dieser Vorschlag deshalb weit entfernt, zumal spätere Kredittilgungen keine Kosten im buchhalterischen Sinne sind und erst nach Steuern zurückgezahlt werden können. Außerdem sollten ohnehin ungesunde Unternehmungen nicht künstlich durch Kredite auf Kosten der Gemeinschaft ihren Fortbestand sichern können.

Sinnvoller und deutlich effizienter wäre es dagegen, sofort bereits geleistete Gewerbe- und Körperschaftssteuern aus und für die Jahre 2018 und 2019 unverzüglich zu erlassen und zu erstatten, wenn die Unternehmen im Gegenzug keine Mitarbeiter*innen entlassen. Dann erreicht man nämlich genau die Unternehmen, die gesund sind und in der Vergangenheit bewiesen haben, dass sie wirtschaften können bzw. ihren Teil dazu beigetragen haben, das Funktionieren unseres Landes zu finanzieren. Außerdem könnte man Abschreibungszeiten auf Investitionen auf zwei Jahre reduzieren und die Umsatzsteuer für 2020 auf 7 % absenken. Natürlich nimmt man dem Staat damit Steuereinnahmen. Das ist aber die Gelegenheit für diesen, sich wieder auf seine Kernaufgaben zu konzentrieren und den flexiblen und motivierten Unternehmer*innen Luft zum Überleben zu lassen – denn diese sorgen auch in Zukunft für Staatseinnahmen.

Auch dürfen wir die vielen Einzelunternehmer in Deutschland nicht vergessen. Sie können sich aktuell nicht selbst in Kurzarbeit schicken. Junge Unternehmen und die sogenannte Kreativwirtschaft benötigen ebenfalls gesonderte Hilfen, um zu überleben. Hier könnte ein konkreter Hilfsmittelfonds erforderlich werden.

Was tragen Staat und Staatsdiener zur Solidarität bei?
Die Auswirkungen versäumter oder aufgeschobener Entscheidungen sieht man beispielsweise am Scheitern des Staats bei der Digitalisierung. Es gilt aber nun, die Ressourcen unseres Staats, die bekanntlich

nicht gering sind, auch zielführend und schnell zu nutzen. Zur Solidarität des Landes mit seinen Bürgern gehört im Rahmen der Verwaltung auch, in der Krisenzeit unbürokratische Entscheidungen zu treffen und direkt zu helfen. Eine bewusste Entscheidung für die Unterstützung der Gesellschaft durch diejenigen, die täglich für den Staat arbeiten und seine Interessen durchsetzen, würde ein deutliches Zeichen setzen und der Bevölkerung zeigen, woran den Staatsvertretern während einer realen und ernsten Krise gelegen ist.

Jede(r) kann jetzt zeigen, wie Verantwortung, Zusammenhalt und Solidarität in einer Gesellschaft aussehen – frei von politischem Lagerdenken und im kleinsten Umfeld anwendbar: vom persönlichen Kontaktkreis über Einkäufe für andere im Supermarkt bis hin zu Initiativen in Haus und Nachbarschaft. Jede persönliche Anstrengung wird zum Baustein der großen Krisenbewältigung, die uns alle treffen wird.
Warten wir nicht ab, sondern packen es jetzt an. Jeder Mensch in unserer Gesellschaft zählt.

10. Mai 2020

Nach wochenlanger Zwangsschließung und medialer Panikmache entstand der Text, mit dem ich appellierte, sich auf die Zahlen zu konzentrieren. Schon seinerzeit wurde nicht mehr zwischen Infektion und Erkrankung unterschieden. Wie Aktienkurse wurde Corona in Wachstumszahlen in allen Medien berichtet. Zu dieser Zeit entwickelten sich sogenannte Verschwörungstheoretiker und Kritiker, die als solche abgestempelt wurden. Die Texte aus der nachfolgenden Zeit zeigen Kritik und grenzen sich deutlich von Verschwörung und dem Glauben ab, dass Covid-19 nicht existiere. Zudem lief bereits das Projekt „rave the planet" als gGmbH von Dr. Motte und mir zum Schutze der Techno-Kultur an. Eine große Ausstellung dazu hatten wir gegenüber des Bundesrates eröffnet. Vom Timing konnte es schlechter nicht sein, da Veranstaltungen zu Musik komplett verboten wurden.

Zahlen und Intellekt für die Menschlichkeit

Nach dem Ende des Zweiten Weltkriegs, aber auch im Zuge der Wiedervereinigung 1990 rückten sowohl die Entstehung als auch die Bedeutung des Grundgesetzes in das Bewusstsein vieler Deutscher. Man denke nur an die Freiheit, die sich für Menschen nach dem Ende von Kaiserreich, Diktatur und alliierten Militärregierungen zwischen 1945 und den 1960er-Jahren eröffnete: freie Entfaltung der Persönlichkeit, Meinungs- und Pressefreiheit sowie das Recht, sich zu versammeln oder Berufe auszuüben, die man tatsächlich ausüben will. In den 90er-Jahren konnten sich ganze Generationen neu erfinden – geschützt durch die Deutsche Verfassung und deren Auslegung. Heute zeichnet sich dagegen ein gegenläufiger Trend ab, bei dem die freie Meinung sanktioniert wird und Minderheiten bestimmen, was Mehrheiten zu erdulden haben.

Auflagen behindern Unternehmertum

Betrachten wir ein Beispiel aus der Gastronomie: Wenn sich heute ein begabter Koch entfalten und seine Kochkunst anderen Menschen zugute kommen lassen will, steht er zunächst vor mehreren Hürden. Die staatliche Bedürfnisprüfung ist Geschichte. Aber von der elektronischen Kasse über Berufsgenossenschaftsvorschriften, Brandschutz, Schallschutz bis hin zur Genehmigung der Ausübung seiner beruflichen Freiheit im Rahmen des Allgemeinwohls muss er neuerdings – unabhängig von seiner wirtschaftlichen Größe – gendergerechte Toiletten in ausreichender Anzahl bauen und den barrierefreien Zugang sicherstellen, falls er sein Restaurant wirklich eröffnen will. Es muss so eingerichtet werden, dass es auch den Bedürfnissen marginaler Gruppen genügt. Harmlose Köche finanzieren Ansprüche des Allgemeinwohls durch die Hintertür. Wenn unser Koch diese Auflagen nicht erfüllen kann, weil etwa sein Raum zu klein ist oder Rampen und Fahrstühle im

Verhältnis zu Sitzplätzen zu teuer kommen, dann wird er sein Restaurant schlicht und einfach nicht öffnen dürfen und muss seine Berufsfreiheit anderswo proklamieren. Manche Ideen und Vorhaben als Begriffe lösen oft genug instinktive Abwehrhaltung bei Gesellschaft und Behörden aus.

Dazu kommt: Bis die Exekutive die Voraussetzungen einer Genehmigung geprüft hat, dauert es nicht selten fast ein ganzes Jahr; bis man sich gegen eine Genehmigungsversagung gerichtlich zur Wehr gesetzt hat, vergehen gut vier Jahre – man sollte es also besser gleich sein lassen. Viele junge Menschen wollen aufgrund der vielen und oft nicht begreifbaren Vorschriften und Auflagen keine Unternehmer werden. Vermögende Menschen investieren ihr Geld lieber in langweilige Anlage- und Derivatsprodukte anstatt in Ideen und Menschen. Die aktuelle Spontandrosselung des gesellschaftlichen Lebens hat diesen Trend vermutlich noch bestärkt.

Auflagen verhindern kreative Existenzen
Schauen wir uns nun die Berliner Kreativ- und Clubszene an: einfache Musikdarbietungen in geschlossenen Räumen mit Alkoholausschank werden als Vergnügungsstätten behördlich definiert und durch Zwangsauflagen zu Brandschutz, Schallschutz, Gaststättenverordnung und Gesundheitsschutz verurteilt. Riskiert dies nicht schon die Existenz von Unternehmen dieser Branche?

Die Krise macht es deutlich: Wie sollen fünf Euro Miete pro Quadratmeter zusätzlich aufgebracht werden, die der Vermieter umlegen muss, wenn er die angeordneten Maßnahmen planerisch und baulich umsetzt? Fünf Euro (!) bedeuten bei 1.000 Quadratmeter 5.000 Euro an Miete mehr im Monat, oder anders ausgedrückt: zwei Mitarbeiter*innen-Gehälter für Maßnahmen, die Sicherheit, Solidarität und somit Gleich-

stellung zu bedeuten scheinen, die aber in Wirklichkeit unsere gestal-
terische Freiheit durch Normen immer weiter einschränken. Seit der
letzten Jahrtausendwende sinken die Möglichkeiten der ehemals freien
Raumnutzung durch stetig gestiegene Anforderungen an Gewerbe-
immobilien. Das wirkt sich für viele Mieter schlichtweg existenzverhin-
dernd aus. Man kann über hohe Mietpreise und Eigentümer schimpfen,
aber zuallererst haben die Legislative und die Gesellschaft es in die
Hand genommen, sich Vorschriften auszudenken, die mit der Zeit
immer wieder verschärft werden, um jede Kleinstperspektive zu berücksichtigen und jedes Minimalrisiko auszuschließen. Wie es schon
George Bernard Shaw formulierte: Die Deutschen haben eine Beses-
senheit, jede Sache so weit zu treiben, bis daraus eine böse geworden
ist.

Wie definiert man Solidarität?
Damit stellt sich die Frage, wer in unserer Gesellschaft darüber ent-
scheiden können soll, was wie weit getrieben werden darf ... ob Solida-
rität oder Differenzierung Vorrang haben soll. Ob die sogenannten
Entscheider in Politik ohne eigenes Risiko und ohne direkte persönliche
Verantwortung für Ideen und Menschen hier das legislative Recht
haben sollen, diejenigen zu verpflichten, die unternehmerisch unter
Einsatz persönlichen Risikos für eine Zielgruppe, also einen limitierten
Kundenkreis, investieren, teure Maßnahmen für die Allgemeinheit mit-
zutragen, weil andere sie theoretisch für moralisch notwendig erachten.
Ist es nicht vielmehr so, dass diese Entscheider in Funktion einer all-
gemein moralischen Instanz verlernt haben, die wirtschaftliche Realität
autonomer Betriebe zu akzeptieren?

Wenn der Regierende Bürgermeister Berlins von mangelnder Solidarität
spricht, als der Ministerpräsident von Sachsen-Anhalt Anfang Mai
Lockerungen früher zulassen wollte als Berlin, stellt sich ganz simpel

die Frage, was hier zählt: Solidarität der Behörden oder Realität für die Betriebe in Sachsen-Anhalt? In der Realität hat Sachsen-Anhalt nur die Hälfte der Infektionen gehabt, die Berlin pro Einwohner hat, und hatte deutlich weniger Todesfälle zu beklagen. Warum sollte also nicht individuell, regional und schneller entschieden werden anstatt alles pauschal-solidarisch dem Rhythmus derjenigen anzupassen, die am langsamsten oder betroffensten sind? Ist dies das neue Verständnis von Gleichheit im Föderalismus? Man denke auch an die Verteufelung Schwedens für seinen offenen Weg, die nun nach Analyse der realen Verhältnisse wieder relativiert wird. Kurz: Der Ruf nach angeblicher und neu definierter Solidarität gestützt auf Teilaspekte der Wissenschaft wird von diffusen Kreisen zum Maßstab erhoben – andere Meinungen werden verpönt und niedergemacht.

Berliner Beispiele für falsch verstandene Solidarität
Jüngst wurde in Berlin-Köpenick einem Fährbetreiber die Erlaubnis zum Betrieb seiner Fähre nicht verlängert, weil körperlich Behinderte das Transportmittel nicht uneingeschränkt nutzen können. Das ist zweifellos bedauerlich für körperlich benachteiligte Menschen. Was ist jedoch, wenn sich die dafür erforderlichen baulichen Maßnahmen aufgrund von Nachbarbeteiligungen oder aus rein wirtschaftlichen Gründen nicht realisieren lassen? Darf dann die überwiegende Mehrheit der Nutzer einen Fährbetrieb nicht mehr in Anspruch nehmen, weil eine sehr kleine Anzahl von Menschen diesen Überfahrgenuss nicht auch barrierefrei nutzen kann?

Der Landesverband der Museen Berlin hat am 23. April 2020 dazu aufgerufen, dass alle Berliner Museen erst am 11. Mai wiedereröffnen mögen – aus Solidarität und zur Vereinheitlichung des Auftritts aller Museen. Nun kann man sich fragen, warum die überwiegend staatlichen Museen oder staatlich geförderten Museen am möglichen Eröffnungstag, nämlich am 4. Mai, noch nicht bereit zur Öffnung waren (mehr als zehn Tage nach dem Aufruf!), obwohl die Schließungsverordnung ursprünglich nur bis zum 19. April hatte gelten sollen und obwohl bei den staatlichen Museen der Wegfall des Kurzarbeitergeldes keine Rolle für die Entscheidung spielt. Was bedeutet in diesem Fall der Begriff Solidarität? Soll es heißen, dass alle immer nur so schnell sein dürfen wie das schwächste und unorganisierteste Glied? Gehen denn Solidarität und Erscheinungsbild so weit, dass man Berliner*innen und ihren Besucher*innen der Stadt eine ganze Woche den Besuch von Museen vorenthält, weil man sich „solidarisch" verhalten soll?

Solidarität führt zu Sanktionen

Deutschland sperrt trotz leerer Krankenhäuser rund 80 Millionen Menschen ein, um potentiell drei Millionen Risikopatienten zu schützen – aus Solidarität, wie man so schön sagt. Im Widerspruch dazu werden „Aufnahmestopps" für Krebspatienten verhängt und deren Chemotherapien suspendiert, also Bedürftige werden ausgesperrt. Normale Patienten getrauen sich schon nicht, im Krankenhaus vorstellig zu werden, aus Furcht, sich im Krankenhaus zu infizieren. Menschen mit Herzinfarkten und Schlaganfällen, die verzögert behandelt werden und all die Menschen, die die Folgen des Shutdowns psychisch nicht so leicht verkraften, leiden unter einer kollateralen Schatten-Pandemie.

Wenn das RKI die Empfehlung gibt, Leichnahme mit Corona-Virus – trotz seiner Verpflichtung aus § 2 des BGA-Nachfolgegesetzes – nicht oder nur bei absoluter Notwendigkeit zu obduzieren, dann wird diese Empfehlung wie ein Befehl befolgt. Das erinnert ans Mittelalter, als wissenschaftliche Erkenntnis gegenüber religiöser Einschätzung zurückstehen musste.

Zahlen sind nicht alles – aber ohne Zahlen ist alles nichts

Pure Mathematik galt im Mittelalter nicht als böse, aber heute doch, die unmoralische Betrachtung oder nur die Nennung von Zahlen wird als unmenschlich bezeichnet. Jeden Tag sterben in Deutschland auch ohne Corona knapp 3.000 Menschen, davon 645 Menschen an Krebs. In Deutschland erkrankt jede Minute ein Mensch an Krebs. Auf der Welt ist es insgesamt noch schlimmer: alle 3,6 Sekunden stirbt ein Mensch an Hunger auf diesem Erdball, 300 Millionen Kinder gehen jeden Tag hungrig ins Bett. Es sterben jedes Jahr sechs Millionen Kinder an Mangelernährung vor ihrem fünften Geburtstag. Es sterben jedes Jahr bis zu 675.000 Menschen an der Grippe. In Deutschland gelten 20 Prozent der Bevölkerung als armutsgefährdet. Dazu ist die Sterberate bei armen Menschen um 30 Prozent höher als bei wohlhabenderen. Das hat noch keine Maßnahmen veranlasst.

Wenn man einzelne Menschengruppen ohne gesetzlich definiertes System zu Ungunsten anderer bevorzugt, ist Armut genauso zu berücksichtigen wie ein Virus. Denn auch das arme Menschenleben zählt. Wenn man aber ein zu 90 Prozent erfülltes Menschenleben künstlich verlängert und simultan sieben andere verkürzt, dann stellt dies ein irrationales und unlogisches Opfer dar. Menschlichkeit, so bitter es klingt, geht mit der Abwägung aller Rechte einher. Das mag den einen unmenschlich erscheinen, ist aber für die meisten vernünftig, weil es sehr vielen hilft und sehr wenigen schadet. Ein langes, gesundes und erfülltes Leben für alle Menschen auf Erden ist die Vision vieler Bürger und Politiker. Letztendlich handelt es sich aber um eine Utopie.

Der Shutdown der letzten Wochen wird auf Jahrzehnte negative, wirtschaftliche, gesellschaftliche und persönliche Auswirkungen auf die Menschen unserer Gesellschaft haben.

Wer trägt Verantwortung für die Maßnahmen und wer zahlt am Ende?
Wann schaut man sich in dieser Gesellschaft einmal genau an, welche
Folgen die teilweise willkürlich durch Einzelperspektiventscheider be-
feuerten Maßnahmen haben werden? Kein politischer Entscheidungs-
träger muss um sein Einkommen fürchten. Niemand in der Politik trägt
persönliche Verantwortung, wie man unlängst auch beim Loveparade-
Prozess von Duisburg gesehen hat.

Es ist beinahe grotesk, wenn die Bundesregierung bei nur 720.000 An-
trägen auf Kurzarbeit wochenlang nicht ausrechnen kann, wie viele
Menschen nun tatsächlich von Kurzarbeit betroffen sind. Immerhin droht
fast einem Viertel aller sozialversicherten Menschen die Arbeitslosigkeit.
Die kommenden zwei Generationen werden für den heute geöffneten
Geldhahn mit ihrem Arbeitslohn bezahlen. Geld, das für die jungen
Menschen bisher weder in Bildung noch Klimaschutz noch Infrastruktur
oder Digitalisierung vorhanden war und jetzt zur Gegenfinanzierung
eingesetzt wird, um die gepriesene Solidarität zu zeigen.

Eine gesunde Gesellschaft muss ihre Minderheiten schützen und hält
es auch aus, wenn zwei Monate lang Stillstand herrscht. Die neu defi-
nierte „Solidarität" kann aber unvernünftig sein. Wenn Minderheiten
die Regeln für alle aufstellen, dann verschwindet der Urgedanke der
Freiheit und Vernunft aus unseren Grundrechten. Es ist nun an der Zeit,
den Kurs zu setzen, um in die Zukunft zu investieren und in der Realität
zu agieren. Und das muss passieren, bevor die Entwicklung von Ideen
aussetzt und das Vertrauen in Staat und Gesellschaft unabhängig von
politischen Lagern vollständig verspielt ist. Mehrheiten müssen stark
sein, um Minderheiten Schutz bieten zu können. Auf solidarisches
Erscheinungsbild zu setzen anstatt inhaltliche Exzellenz zu fördern, ist
der völlig falsche Weg, um Minderheiten und Benachteiligte nachhaltig
zu schützen.

2. September 2020

Inmitten der Corona-Sorgen wurde dann wieder angefangen, irgendwas in Berlin auszuprobieren. Ohne jede Vorbereitung und verlässliche Weitsicht. Am Beispiel der Sperrung der Friedrichstraße zeigte sich das Dilemma der Politik: Die soge-nannten Gestalter versuchen auf dem Rücken derjenigen, die Geld erwirtschaften müssen, ihre Religion rücksichtslos durchzusetzen. Schon zu diesem Zeitpunkt habe ich die kommende Inflation exakt vorhergesagt. Ende 2020 bereits dachte ich außerdem darüber nach, weniger unternehmerisch aktiv zu sein.

Die Lichter gehen aus

Von überzogenen Maßnahmen, Steuerverschwendung und Gelddruck in Berlin

In einem Wust ungelöster Probleme forciert die Bundesagrarministerin ein Hundezeit-Bußgeld. Das politische Establishment glaubt ernsthaft, dass Unternehmen mit 59 Prozent Umsatzrückgang überlebensfähig bleiben. Wenn außerdem partielle Zahlen zu allgemeingültigen Statistiken erhoben werden, stellt sich die Frage, wohin es mit Berlin gehen soll. Berlin ist derzeit wohl Deutschlands unattraktivster Standort. Für die Standortbevölkerung werden nicht genug Wohnungen gebaut, der Tourist soll durch das Tourismuskonzept 2018+ (!) in Außenbezirke und Sekundärsehenswürdigkeiten umgelenkt werden (und bleibt der Stadt fern) und Clubs und Kulturstandorte sollen nicht mehr öffnen, solange keine Impfung gegen Covid-19 verfügbar ist.

Beschäftigungsmaßnahmen zur Steuermittelverschwendung

Dazu wird die ehemals prachtvolle Friedrichstraße ohne Konzept zur Fußgängerzone erklärt, während Schwangere, Familien mit mehreren Kindern, Ältere, körperlich Behinderte, Berufspendler, Nachtarbeiter, Logistiker und Haustierbesitzer bei Wind und Wetter auf Fahrräder umsteigen sollen. Würde der öffentliche Nahverkehr rund um die Uhr überallhin fahren oder würden wenigstens die Fahrstühle funktionieren, könnte sich der Verzicht auf Motorfahrzeuge für einige durchaus lohnen.

Der nahe der Friedrichstraße liegende Berliner Gendarmenmarkt ist wohl einer der schönsten Plätze Berlins, wenn nicht sogar Europas. Obwohl die Baustelle der U5 den Verkehr rund um die Prachtstraße Unter den Linden erschwert und das Schlendern an Linden vorbei unattraktiv gemacht hat, zumal manche Bäume für den Bau geopfert wurden, blieb für Berlin-Besucher der Gendarmenmarkt mit seinem

Deutschen und Französischen Dom als Nummer 3 der schönsten Orte Berlins ein beliebter Trost. Die Friedrichstraße aber verlor an Attraktivität, weil es reizlos ist, über eine Baustelle zu schlendern.

Und was macht die Politik? Sie erklärt nach dem Motto „Schlechter kann es eh nicht werden" die Friedrichstraße zu einem Pilotprojekt der autofreien Zone. Wohin man hier jedoch steuern will, bleibt eine offene Projektfrage. Klar ist nur, dass Verwaltungsbeamte und Öffentlicher Dienst viel Zeit einsetzen, die Steuergelder der Wähler experimentell auszugeben, ohne zuvor zu studieren, welche Ergebnisse dieses Pilotprojekt überhaupt bringen könnte. Zunächst fahren nun LKW und Fahrzeugkolonnen parallel zur neuen Hauptstraße, nämlich auf der halb so breiten Charlottenstraße, direkt am (ehemals) schönen Gendarmenmarkt vorbei. Zwischen Planet Wein an der Kronenstraße und der Suppenküche Cadadia bis hoch zur Französischen Straße und dem dortigen ehemaligen Lokal Aigner wird wohl ab sofort das Speisen und Trinken auf dem Bürgersteig mit Abgasen gewürzt und laut sein.

Einzelhandel Friedrichstraße: Gibt es ihn? Wenn ja, warum?
Nun hat Berlin-Mitte nicht einmal untersucht, welche Personengruppen bisher die Geschäfte in der Friedrichstraße besuchten und welche nicht. Wer soll nun während der sechsmonatigen Pilotphase in die neue Fußgängerzone kommen und mit welcher Motivation? Berliner waren es bislang nicht und Bürobedienstete der Umgebung hatten hierzu allenfalls zur Mittagszeit Gelegenheit. Besucher sind in der verspätet – zur ersten Ankündigung des Bezirks nun zum Sommerschluss – eingerichteten Zone zwischen den kalten Monaten September 2020 und Februar 2021 wohl kaum in Berlin; Anwohner gibt es zwischen der Leipziger Straße und Unter den Linden relativ wenige. Was hingegen sollen Berliner auf der neuen „Insel Friedrichstraße" bitte

besuchen? Leere Geschäfte? Ein Konzept zur Anziehung der Berliner gibt es nicht.

Man stelle sich vor, man wäre selbst Mieter einer Ladenfläche: ein Alptraum. Man hätte im Vorhinein ein ganz anderes Geschäftskonzept erarbeitet und vom Banker eine Finanzierung unter der Voraussetzung erhalten, in den kommenden fünf bis zehn Jahren planmäßig zu arbeiten. Was waren die Annahmen für ein solches Konzept gewesen und auf was hatte man vertraut, als man sein Geld ausgab? Mit welchen Kunden hatte man gerechnet? Und was soll dann wieder ab März 2021 gelten? Unter welchen Voraussetzungen darf man damit rechnen, dass die Friedrichstraße Fußgängerzone bleiben wird? Lässt ein Winterhalbjahr zur Corona-Zeit Rückschlüsse für ein Sommerhalbjahr zu? Konzeptgespräche mit den Anwohnern und Gewerbetreibenden jedenfalls blieben aus – eine ökonomische Marschrichtung gibt es auch nicht.

Ein möglicher Grund für die Fußgängerzone:
Berlin will partiell autofrei sein

Die Vermutung liegt nahe, dass man langfristig überhaupt keine Fahrzeuge in der Innenstadt mehr will. SUVs schon gleich gar nicht (am besten verbieten) und dazu die Parkgebühren anheben. Wenn dem aber so ist, dann kann man es auch genau so sagen, wobei die Politik den Autoverzicht vorleben sollte. Parktickets für Arbeitnehmer gibt es schon lange nicht mehr. Anzumelden braucht man bei der Berliner Verwaltung selbst als Handwerker keine Vignetten, da Termine und Bearbeitungszeiten den tolerantesten Geduldsfaden überlasten und schließlich reißen lassen. Die Politik will davon nichts hören: 59 Prozent Umsatzrückgang (die derzeitige Größenordnung, um Überbrückungshilfe zu beantragen, wenn man mehr als zehn Mitarbeiter beschäftigt) bei weiterhin fälligen Mieten und Personalkosten bedeuten, dass ein Betrieb im Tourismus, in der Gastronomie, der Hotellerie oder der

Kunst- und Kulturlandschaft wirtschaftlich nicht überlebensfähig sein kann. Woher sollen die Damen und Herren es denn auch wissen? Senatoren und Bundesminister treten öffentlich für die Abteilungen ihrer Behörden im Grunde nur als Pressesprecher auf, deren Prozesse und Inhalte sie meist nicht gelernt oder selbst erfahren haben und deren Entscheidungsergebnisse sie nie persönlich verantworten müssen. Persönlich erfahren oder verantwortlich würde man jede Auflage bei Betrieben sorgfältig durchdenken. Stattdessen befeuert man die Öffentlichkeit mit von Inhalten ablenkenden Änderungen der Sprache, neuen Straßenschildern und pervertierenden Bußgeldverordnungen in der pädagogischen Hoffnung, eine Politik der Utopie erzwingen zu können.

Millionen für Instagram-Krankenhäuser,
aber nicht für das Gemeinwohl

Es muss geradezu enttäuschend sein, wenn trotz hunderttausender Covid-19-Tests die Infektionszahlen trotz Reisetätigkeiten nicht im Verhältnis zu den Testungen steigen. Dass nicht genutzte Instagram-Krankenhäuser (für das Eröffnungsfoto mit dem Bundespräsidenten wurden die Beatmungsgeräte an- und wieder abgefahren) in Messehallen aufgebaut werden, mag noch als Multimillionengrab durchgehen – dass aber weiterhin leere Betten in Plankrankenhäusern steuermittelfinanziert werden, ist reine Armutsförderung. Warum?

Wenn kein politischer Systemwechsel geplant ist, fragt sich jeder realistisch denkende Mensch, was eigentlich passieren muss, wenn hunderte Milliarden Euro gedruckt werden, ohne damit das Gemeinwohl zu verbessern: Schulen, öffentlicher Nahverkehr, Digitalisierung, Klimaschutz oder Integrationsmaßnahmen werden mit dem Druckpressengeld nicht finanziert, aber die Folgeschäden von selbst gesetzten und aufrechterhaltenen Verordnungsmaßnahmen werden damit bezahlt. Die Folge ist, dass die arme Bevölkerung noch ärmer wird. Wenn Gelddruck den legalen Haushalt mit Milliardendefiziten sprengt und zweifelhafte und ungerechte Maßnahmen gegen diejenigen geführt werden, die dieses Land wirtschaftlich am Leben halten, weil sie etwas tun und Menschen in Lohn und Brot halten, dann steigen anfänglich gemäß dem Cantillon-Effekt Werte wie Immobilien, Aktien und Gold. Tatsächlich werden alle ab spätestens 2022 die Rechnung durch Inflation und Steuererhöhungen bezahlen – auch unsere Kinder und Kindeskinder, die eigentlich Geld für Klimaschutz haben und keinen Verpackungsmüll verteilt sehen möchten, werden sich mit Altschulden herumschlagen müssen.

Abstand zwischen Arm und Reich wird immer größer
Das bedeutet im Klartext: Wenn wir weiterhin wegen weniger Erkrankter die Mehrheit der Menschen wegsperren und einschränken, die Unternehmen mit Auflagen überlasten und in staatliche Förderabhängigkeit schubsen, dann muss der Abstand zwischen Arm und Reich immer größer werden. Seit der Abschaffung des Goldstandards 1971, also seit nunmehr fast fünfzig Jahren, wächst dieser Abstand unaufhörlich, weil die Politik Geld drucken kann, aber keine Disziplin hat, mit dem auszukommen, was die demokratisch legitimierten Steuereinnahmen hergeben. Stattdessen wird undemokratisch Geld verteilt, gleichzeitig werden die Schulden aller erhöht.

Wie sähe es aus, wenn Berlin so ehrlich wäre und millionenteure Maßnahmen für grüne Punkte und Parklets (z.B. im Bergmannkiez) und für Fußgängerzonen mit Fahrradspuren in der Friedrichstraße mit Steuern direkt finanzieren würde anstatt indirekt über den Gelddruck? Was passiert, wenn man solche Maßnahmen denen gegenüberstellt, die stattdessen gestrichen werden? Mit den grünen Bergmann-Punkten und Parklets (die vorläufigen Kosten betrugen bereits im August 2019 mehr als 1,1 Mio. Euro) hätte man drei Krankenwagen bezahlen können, die speziell für die Behandlung von Schlaganfällen ausgerüstet sind. Solche hat Berlin aber bereits gestrichen.

Noch einmal zurück zur Friedrichstraße: Wer bitte schön soll denn gestalten, wenn Politik ihre Politik selbst für zentrale Orte nicht durchdenkt und es nicht für nötig erachtet, diejenigen zu beteiligen, die diese Stadt tatsächlich gestalten? Warum nutzt die Politik nicht die Kontakte zur IHK, in der alle Unternehmen zwangsweise Mitglied sind, um zunächst den Ist-Stand festzustellen?

Berlins Politik braucht ein neues Mindset: ordentliche Analysen, verlässliche Perspektiven und Realitätsbezug.

2. November 2020

Nun beschloss die Politik den Komplett-Lockdown in Deutschland. Hiervor betroffen war auch das DDR Museum für die kommenden acht Monate. Dass die Lockdowns nicht wirken sollten, interessierte weder Regierungen noch Parlamente, die als eins entgegen der Gewaltenteilung mit den Medien vermischten. Immerhin dämmerte auch den dümmsten Moderatoren, dass man zwischen „mit" und „an" Corona unterscheiden musste, wenn über Tote berichtet wurde. Die Menschen in der Gesellschaft wurden daran gewöhnt, ihr Arbeitspensum hin ins Private zu verlegen bei gleichzeitig stattfindendem massiven Gelddruck.

Ihre Majestät verspricht:
Wir haben keine Mauererrichtungsabsicht

Ein Jahr des verlorenen Verstandes

Ein Virus bedroht einen kleinen Teil der Menschheit in Deutschland. Rund 10.000 unserer Mitbürger*innen sind bereits verstorben (jährlich sterben in Deutschland rund eine Million Menschen). Das ist aber noch nicht das Ende: Der Prozess setzt sich in Richtung Katastrophe für alle Menschen fort. Den Menschen wird Angst gemacht. Eine Perspektive oder Strategie gibt es nicht. Bestenfalls entscheiden die Herrschaften der Exekutive aus dem Bauch heraus und nutzen ihren Verstand nur noch, um nachträglich Fehlentscheidungen zu begründen. Der November-Lockdown mag erforderlich sein, aber was dann?

Ein Rückblick

Vernünftig oder unvernünftig: Noch am 24. Oktober war es in Berlin erlaubt, mit 5.000 Menschen gleichzeitig unter freiem Himmel zu feiern. Dennoch löste die (Bundes-)Polizei die mit nur 600 Besuchern unter Beachtung der Hygienevorschriften organisierte Pornceptual in der Alten Münze auf. Die Polizei hielt sich folglich offensichtlich nicht an geltendes Recht und machte sich außerdem über die Besucher auf Twitter lustig („unbefriedigender Abend"). Damit stellen sich im Rahmen der aktuellen Maßnahmenorgien gleich drei Fragen: Wie werden gesetzliche Vorgaben erlassen, hält sich auch die Staatsgewalt vorbildlich daran und sind diese materiell überhaupt richtig? Richtig oder falsch ist sicherlich im Nachhinein einfacher zu beurteilen, aber der Weg dorthin ist gleichwohl äußerst spannend.

Sind unsere Corona-Verordnungen etwa auch Notverordnungen nach der alten Reichsverfassung? Einen Gesetzgebungsnotstand haben wir nicht (Art. 68 GG), die Bundeskanzlerin ist im Amt.

41

Also: Ein Blick auf das Detail des Art. 80 GG zeigt, dass die Bundesregierung durch das Infektionsschutzgesetz (IfSG) nicht ermächtigt ist. Nur die Landesregierungen haben das Sagen. Die Bundeskanzlerin erklärte trotzdem die Sache zur Chefsache. Sie hat aber nicht den Bundesrat, sondern die Ministerpräsidenten der Länder zusammengetrommelt. Diese Versammlung ist kein verfassungsmäßiges Beschlussgremium, was beschließen sie dann also? Sie wollen sich quasi als Kartell offiziell verständigen, um in ihren eigenen Hoheitsbereichen sechzehn gleichlautende Verordnungen zu erlassen. Kartelle sind in unserem Land verboten.

Also: Was hier „befohlen" werden soll, kann keine Bundesverordnung werden; die sechzehn Landesverordnungen sollen nur bundeseinheitlich werden und eine Ersatzbundesverordnung ergeben. Am 30. Juni 1934 wurde schon einmal so etwas wie ein „Staatsnotstand" erklärt. Wer verordnet also?

Der 11. Monat wird eingeläutet

Der vorläufige Gipfel des Jahres 2020 war der 28. Oktober 2020: Der NRW-Ministerpräsident erklärt den Gesamtdeutschen im Staatsfernsehen, dass die Verordnung verlässlich am 30. November aufgehoben werden solle. Man fragt sich sogleich, ob denn die anderen zeitlich begrenzten dutzenden Verordnungen zum Schutze gegen die Infektion jemals aufgehoben wurden. Tatsächlich ja! Mehrere Gerichte haben den pseudojuristischen Flickenteppich in Deutschland bereits als rechtswidrig abgestempelt: da waren das Übernachtungsverbot, die Demonstrationsverbote, die Sperrstunde, das Alkoholausschankverbot, die 800 Quadratmeter Flächenbegrenzung des Einzelhandels, das Verbot, Bars oder Fitness-Studios zu öffnen, sein Eigentum zu begehen, geliebte Menschen zu Hause oder im Freien zu treffen etc. Die Begründung der Gerichte lautete: Fehler der Ermächtigung, Verletzung der verfassungsmäßigen Rechte, fehlende wissenschaftliche Nachweise zur Beziehung zwischen Maßnahme und Pandemiebekämpfung und Zuständigkeit der Parlamente.

Zwischenzeitlich zwang man der Gastronomie zahlreiche Hygienemaßnahmen und Verbundkosten auf, die jetzt das erhoffte Vertrauen in die Politik nicht wert sind, um ihre teuer eingerichteten Attraktionen geöffnet halten zu dürfen. Die Bundespolizei stürmt die Lokale zur Kontrolle, als hätten die Steuerzahler generalverdächtig maskenfrei oder abstandsverletzend Menschen körperlich zu nah gestanden und emotional zu offen bedient.

Umsetzungsrealität
Mit der Realität haben die Maßnahmen selbst nichts zu tun. Man musste beispielsweise taufrische Momentaufnahmen des eigenen Covid-19-Status nachweisen, sollte man in den Herbstferien ein Wochenende frische Küsten- oder Bergluft schnappen wollen. In Wirklichkeit gab und gibt es aber keine Ein- und Ausgangstests in der angemessenen Zeit. Die Nachverfolgung von Infizierten erfolgt mit Kugelschreiber und Faxgerät. Der Realität scheint die Politik sich ohnehin seit langem entfremdet zu haben. Man schickte Freischaffende nach dem Berufsverbot direkt zum Sozialamt, weil die auch hier versprochene Soforthilfe nicht für den Lebensunterhalt verwendet werden durfte. In unserer Gesellschaft wird es bald den mittelständischen Unternehmer ebenso wenig wie Einzelunternehmer geben. Man sollte gespannt darauf sein, wer in Zukunft die Menschen durch intelligentes Schaffen und Engagement ernähren soll. Der Staat kann das bekanntlich nicht und scheint seinen Verstand endgültig verloren zu haben. Auch wenn am 28. Oktober 2020 der ehemalige Bundesverfassungsgerichtspräsident Hans-Jürgen Papier im Info-Radio ebenfalls geäußert hat, dass die Verordnungen nicht rechtmäßig seien, weil nicht vorgesehen ist, die parlamentarische Demokratie so lange auszusetzen.

Immerhin sind wir im elften Monat nach Infektionsbeginn. Aber das regt bei unseren Pressesprechern in der Politik niemanden auf. Im Gegenteil: Ein Herr Lauterbach will neben dem Versammlungsverbot außerdem den verfassungsrechtlichen Schutz der eigenen Wohnung aufheben. Er will der Polizei erlauben, auch ohne Durchsuchungsbeschluss zu prüfen, ob sich in der jeweiligen Wohnung mehr als die zulässige Anzahl an Personen aufhalten. Wo bleibt also unsere Demokratie, wenn es um strukturelle Systementscheidungen geht?

Volkswille wird in 0,13 Minuten weggewischt
Der Bundestag hat 709 Abgeordnete, die das Volk vertreten sollen. Man diskutiert aktuell, ob die Hälfte der Abgeordneten nicht ausreiche – wenn man schon deren Zeit wegnehme, dann könnte man doch tatsächlich auch deren Kosten einsparen. Die Regierung mit ihrer autoritären Regierungserklärung vom 29. Oktober 2020 hat den deutschen Abgeordneten des Bundestages durchschnittlich 0,13 Minuten Debattenzeit pro Person gestattet – nach dem Kartellbeschluss wohlgemerkt. Da wird das Grundgesetz in allen wesentlichen Bestimmungen ausgesetzt und die Exekutive erlaubt noch nicht einmal eine Debatte, die länger als 90 Minuten dauert. Monatelang wurde die zweite Welle als Dauertagesbeschallung angekündigt, gleichwohl aber nichts getan, um parallel das Gesundheitssystem zu stärken. Nur Masken wurden mehrere Milliarden gekauft, deren Lieferanten in großer Anzahl ihr staatlich versprochenes Entgelt nun einklagen müssen. Der sogenannte „Lockdown" betrifft viele Millionen Menschen und die Exekutive als Vorbildeinrichtung, weil medial ständig sichtbar, gibt den Volksvertretern also 1,5 Stunden Anhörungszeit zur Entscheidung, inwieweit die verfassungsrechtlichen Rechte auszusetzen sind? Vertrauen und Respekt muss der Maßstab sein, will man sich nach der Krise verzeihen können. Denn jedes Mal, wenn wir aufgefordert werden, der Demokratie unseres Landes Ausdruck zu verleihen und wäh-

len zu gehen, stimmen wir für eine Partei, deren Programm entweder unseren Meinungen am nächsten kommt, oder wir stimmen gegen eine andere Meinung, um diese nicht zu stark werden zu lassen. Schlimm genug, dass die Wahlbeteiligung regelmäßig und gefährlich nah auf einen Wert sinkt, der dazu führt, dass nicht mehr die Mehrheit, sondern letztlich eine Minderheit der hier lebenden Menschen überproportional Gewicht bekommt. Nach einer Wahl aber haben wir andere Meinungen für die Länge der Legislaturperiode zu respektieren. Die zusammengesetzten Parlamente erlassen dann Gesetze. Nun sind aber genau dieser Respekt und das Vertrauen erschüttert, wenn die aus den Parlamenten bestimmten Regierungsmitglieder selbst Legislative spielen und rechtskräftige, kontrollierende Gerichtsurteile einfach missachtet werden. Jemand muss entscheiden; den vom Volk gewählten Vertretern in diesen schweren Verfassungseingriffszeiten aber noch nicht einmal eine angemessene Zeit zum Austausch der Argumente zu bieten, ist schlichtweg demokratiefeindlich. Das Volk sollte doch inzwischen sehen dürfen, ob nun nach fast einem Jahr der Verordnungsorgienregierung inzwischen auch ein Plan für den Fall existiert, sollte das Virus Bestandteil unserer Gesellschaft bleiben. Werden deshalb Kunst- und Kulturfreiheit gänzlich aufgehoben? Immerhin könnten sich dann beispielsweise die Berliner Philharmoniker heute bereits auflösen und ins Private zurückziehen. Die Integration der Menschen – gerade nach den herausfordernden Zeiten des Zuzugs von Millionen Menschen seit 2015/2016 – ist der Grundpfeiler einer toleranten, leistungs- und zukunftsfähigen Gesellschaft. Es muss deshalb wenigstens einen öffentlichen und gemeinsamen Diskurs geben, um die Kehrseite der verhängten Ausgangssperre aufzuzeigen. Unsere Kultur und der Austausch von Meinungen mit Menschen anderen Geschlechts, anderer Hautfarbe, Religion, Sexualität, politischer Gesinnung und Lebensweise ist der Sauerstoff unserer seit Jahrzehnten erfolgreichen Gesellschaft. Auch das Sportbetätigungsverbot entzieht der Gemeinschaft den geistigen Austausch, nimmt das körperlich legale Austoben und beeinträchtigt dadurch unmittelbar die Gesundheit und das Immunsystem der Menschen negativ.

Soll Deutschland das neue Detroit werden, in dem zunächst nur die Großen überleben und die Monopolisten dann verschwinden? Warum wir also all diese Kollateralschäden der seit März erlassenen Einsperr- und Isolationsanweisungen mit Zwang durch eine Staatspolizei ertragen müssen, muss erklärt werden. Wer sagt denn eigentlich, dass der/die Risikopatient*in sich sagen lassen will, welchem Risiko er/sie sich aussetzen darf? Dem Menschen, dem Unternehmer als auch dem Risikopatienten muss die Möglichkeit gegeben werden, außerhalb ihrer eigenen Perspektive auch die andere Sichtweise zu sehen: gestoppte Integration, eingeschränkte Bildung, Armutsförderung, Auslöschen ganzer Wirtschaftszeige, die immerhin das Leben erst lebenswert machen – das muss allen bewusst sein. Es kommt folglich noch nicht einmal darauf an, welche Entscheidung am Ende steht, sondern wie der Umgang damit ist und welche Perspektive die Zukunft hat. Wo denn sonst als im Parlament können alle Argumente ausgetauscht werden? In sozialen Netzwerken und Medien hat man heute oft nur blasenhaft Mainstream-Meinungen und Selbstdarsteller nach vorn gestellt, Protestler werden massenweise und systematisch gebrandmarkt, wenn neben ihnen auch ein Neonazi demonstriert. Der Mensch neigt deshalb ausschließlich zur Lektüre bzw. zum Erfassen der eigenen Medienmeinung. Dem Nutzer werden automatisiert nur noch gleichgesinnte Meinungen auf seine Screens gegoogelt. Lesen und hören sollte man aber gerade auch andere Meinungen, die einem zunächst fremd erscheinen, um ihnen sachgerecht zu entgegnen oder sie wenigstens zu verstehen. Das Beschneiden der Anhörung ist also rein vom Anstand her ein inakzeptabler, respektloser Umgang mit allen Menschen der Gesellschaft, die zu weiten Teilen und über einen langen Zeitraum hinweg Maßnahmen dulden, obwohl sie anderer Meinung sind und in ihrer Existenz bedroht sind.

Das Geschenk des Gelddruckens

Zur Balance: Die Politik besticht gleichzeitig mit der Missachtung des deutschen Grundrechts mit Geld, das dieses Mal am Umsatz des Vorjahres gemessen verteilt werden soll. Man will also die Leute kaufen oder wenigstens das eigene Denken und Handeln auf ein Minimum herunterfahren.

Man muss dabei wissen, dass diese Gelddruckgeschenke nicht etwa unser Land voranbringen und das Gesundheitssystem stärken, den Klimaschutz finanzieren, Infrastruktur schaffen, die Energiewende einleiten oder gar die Bildung fördern werden. Nein, die Verarmung der Gemeinschaft wird vorangetrieben. Gelddruck führt direkt zur Verarmung der Mehrheit der Menschen unserer Gesellschaft. Nicht Covid-19 verbrennt hiesiges Geld, sondern die politisch entschiedenen Maßnahmen, deren Gelddruckaufwendungen irgendwann zurückzuzahlen sind: nämlich von allen in der Gesellschaft und damit auch von der Hälfte der Bevölkerung, der aber nur 17 % des Gesamtvermögens gehören. 150 Millionen Kinder sind allein in diesem Jahr zusätzlich verarmt und 150.000 Kinder stehen neu vor dem Hungertod (weltweit). Schaut man sich Teile der Erde wie beispielsweise Madagaskar an, wo Menschen von Export und Tourismus leben und ein nicht unwesentlicher Teil Tagelöhner sind, die nun nicht nur verarmen, sondern verhungern, muss man auch hier darüber nachdenken, welche Auswirkungen regionale Lockdowns auf andere Teile der Welt haben. Armut tötet weit mehr Menschen als Covid-19, auch wenn das die Feinde von Zahlen nicht hören und vergleichen wollen. Was kommt nun noch?

Freiheit gegen Geld

Erinnern wir uns noch an den 3. Oktober 2020, den neuen Kultur-gedenktag in Berlin? Er sollte als unterdrückter Abgesang der Club-kultur diejenigen mit Preisgeld auszeichnen, die sich pädagogisch zuverlässig an die Hygienevorschriften halten und sich vorbestimmten Inhalten konzeptionell hingeben. Der Senat gibt also gegen Geld vor und zeichnet aus, wer sich inhaltlich in der Kunst- und Kulturszene an die staatlichen Vorgaben hält? Freiheit der Kunst? Mit solchen Maß-nahmen will man also eventuelle Reaktionen gegen die staatlichen Übergriffe durch Finanzmittelabhängigkeit ruhigstellen und gleichzeitig eine einheitliche Gesinnung züchten. Die knapp 200 Clubs in Berlin haben es sodann gar nicht erst gewagt, gegen ihre Berufsverbote zu klagen.

Worauf soll man sich also verlassen, wenn nun wieder alles herunter-gefahren wird von Leuten, die zum einen persönlich nicht betroffen sind und zum anderen ihre politische Position weder einer Ausbildung noch Berufserfahrung verdanken? Unsere Ministerinnen und Minister sind längst nicht mehr Experten ihres Fachs. Weder unser Bundesgesund-heitsminister noch die Berliner Gesundheitssenatorin haben eine medi-zinische Ausbildung oder Berufserfahrung. Wie ist es mit den übrigen Minister*innen und Senator*innen? Inzwischen schreit sogar die Ärzte-kammer auf, dass die erneuten Maßnahmen nicht auf einen mittel-fristigen Plan hinauslaufen. Das Vertrauen in unsere Politiker ist jeden-falls bei vielen erloschen. Jedes einzelne Versprechen bis hin zu finanziellen Unterstützungsleistungen ist meist nicht gehalten worden.

Opposition auf Tauchstation

Und wohin hat sich die Opposition abgeduckt? Hören kann man sie derzeit auch nicht medial. Geschimpft wurde in den letzten Jahren immer auf die Diktatoren dieser Welt oder auf solche, die man dafür hält, weil sie exekutiv regieren, ohne die Parlamente zu beteiligen: Trump, Putin, Erdogan, Bolsonaro. In Deutschland erlässt die Exekutive nicht nur die Gesetze ohne Beteiligung der legislativen Gewalt, sondern missachtet sogar die Judikative: Es kümmerte niemanden, dass mehrere Gerichte die Sperrstunde, Reiseverbote oder die Übernachtungsverbote aufgehoben haben.

Warten auf das nächste Versprechen

Verlässliche Aussagen gibt es nicht. Man darf ebenso auf den 1. Dezember 2020 gespannt sein. Staatsbetriebe waren schon in der Vergangenheit nicht erfolgreich. Vielleicht sollten nunmehr Menschen auf die verantwortlichen Stellen, die ausgebildet oder berufserfahren sind und weiter als einen Monat denken oder wenigstens parallel Strukturmaßnahmen umsetzen und nicht mehr nur über den Schutz des Gesundheitssystems reden. Was wird aus 2021? Und die entscheidende Frage lautet: Was passiert, wenn Covid-19 Teil der Gesellschaft wird?

1. Dezember 2020

Im Dezember habe ich dann drei Texte vorschlagen müssen, um einen zur Veröffentlichung genehmigt zu bekommen. Zwischenzeitlich hatte sich die Humanistische Vereinigung über den November-Text beschwert und auch der Senat. Nichts wurde gehalten von all dem, was versprochen wurde. Einziger Trost war, dass auch international Panik fortherrschte. So konnte man immerhin annehmen, dass der Gedankenflow zumindest nicht kollektiv vereinbart war.

Versprechen muss man halten!

Enttäuscht und steil bergab

Ursprünglich sollten die Zwangsschließungen des November-Lockdowns mit 75 % des Umsatzes erstattet werden – ohne Wenn und Aber, hieß es am 28. Oktober. Der Kanzlerkandidatenanwärter aus NRW wird ab 1. Dezember erklären müssen, weshalb entgegen seines lauthals verkündeten Versprechens jenes Oktobertages die neue Bundesverordnung nicht aufgehoben wurde oder warum ins Blaue hinein Versprechungen gemacht wurden.

Der Berliner Bürgermeister sprach am 28. Oktober von einem harten und bitteren Tag der Entscheidung. Er wisse, welche Zumutungen und Einschränkungen für einen Monat auf die Menschen zukommen. Dieser eine Monat ist nun aber überschritten, weshalb Berlin sogleich für 500.000 € noch vor dem formalen Landesbeschluss am 25. November Erklärungsbriefe an die Berliner Bevölkerung versenden ließ. Gleichwohl ist in diesen Briefen wieder nur vom November die Rede, während bereits parallel zum Lockdown die Kulturschließung über den Januar hinaus verkündet wurde. In diesem Dschungel verschiedener und verwirrender Informationen teilte das Bundesfinanzministerium bereits am 12. November mit, dass man ein paar Milliarden neben der eigenen Kostenschätzung der Vorwoche läge, während der Bundeswirtschaftsminister beichtet, dass er die bedingungslos zugesagten November-Entschädigungen nicht wie versprochen leisten kann (sofern die Prüfanstalten überhaupt schnell genug wären).

Trotz monatelanger Vorbereitungszeit ist niemandem aufgefallen, dass nicht die geschlossene Einrichtung allein oder der Betrieb als solcher bewertet werden soll, sondern der jeweilige Verbund. Die EU hat vorsichtshalber die Beihilfen auf 800.000 Euro pro Unternehmensgruppe „gedeckelt", also einen Plafond gesetzt, ähnlich wie bei Flugzeugabstürzen. Das setzt man in der Praxis exzessiv um: Wer zufällig

Gesellschafter eines Einzelhändlers und außerdem bei einer touristischen Attraktion engagiert ist, bekommt kein Geld, wenn nicht 80 % seines gesamten Umsatzes betroffen sind. Unternehmer mit zwei Beinen sind eben keine normalen Menschen, und dass Umsatz nicht Überschuss bedeutet, bleibt unberücksichtigt. Wiederum andere einbeinige Unternehmer erhalten oft viel mehr Geld, als sie normalerweise verdienen würden. Andererseits ist tröstlich, dass in den Raum gestellte Zahlen ohnehin nach zehn Tagen bestandslos sind. Was soll man morgen wieder glauben?

Private Theater-, Museums- oder Konzerthausbetreiber müssen schließen und haben überhaupt keine Einnahmen. 10.000 € Abschlag für die leere Kultureinrichtung und 5.000 € für den Künstler sollen gezahlt werden – irgendwann. Gleichzeitig brauchen die seit Monaten kurzarbeiten den Menschen ihre Reserven auf, weil 40 % des Lohns entfallen! Natürlich: Jeder fünfte Berliner gilt inzwischen wieder als ohnehin arm – reine Gewöhnungssache, alles schon mal dagewesen, nämlich zuletzt 1990. Worauf konkret beziehen sich die Fernsehwarnungen der Regierung? Eine Warnung vor ihrer planlosen Politik? Covid-19 kann es ja nicht sein; das wütet zuverlässig vorhersehbar. Verbundene Unternehmen werden derzeit jedenfalls ausgeblutet.

Weitere Branchen wie die Bauwirtschaft spüren aktuell die ersten Auswirkungen sehr heftig, weil das Homeoffice der Mitarbeiter den Weg zu Genehmigungsbehörden der Stadtbezirke sinnlos macht. Zur selben Zeit sollen – noch unbemerkt – für 2021 die Energiekosten um bis zu 30 % CO_2-bedingt angehoben werden. Die Gründer der regulierenden Monopolisten von Amazon, Google, Microsoft, Facebook und Apple haben derweil allein während der Pandemie 200 Milliarden Euro Privatvermögen hinzugewonnen, während in Berlin die individuelle und freie Offline-Werbung weitgehend verboten ist oder verboten werden soll. Da will man eigentlich eine Kultureinrichtung gar nicht mehr öffnen müssen.

Zensur und Fehlen der Gleichberechtigung

Unsere Sprache wird derweil manipuliert; Google wird bundesministeriell vertraglich gebunden, um Inhalte kantenfrei zu nivellieren. Niemand soll sich verletzt fühlen. Unbewältigt ist in diesem perwollweichen Homeoffice noch die rein mathematische Verknüpfung von Zahlen. Dass wir derzeit gegen ein noch unzureichend erforschtes und mutierendes Virus kämpfen und die Gesundheit der Älteren und Angeschlagenen schützen müssen, ist völlig klar. Eine Gesellschaft wieder länger als einen Monat komplett herunterzufahren, ist dem geschuldet, dass die Politik bisher nur auf Hoffnung gesetzt und es fast ein Jahr lang versäumt hat, Maßnahmen zu treffen, die diesen Lockdown „light" (oder schöner: „Wellenbrecher") möglicherweise verhindert hätten.

Es kommt aber jetzt darauf an, Entscheidungen zu treffen, um sich künftigen Lockdowns entschieden entgegenzustellen. Immerhin hängen allein in Berlin 235.000 Arbeitsplätze an der derzeit stillgelegten Tourismus- und Gastronomiebranche. Während der Einzelhandel ohne Ausfallentschädigung dasteht, weil die Geschäfte noch flächenreguliert betreten werden dürfen und trotzdem Mieten-, Personal- und Betriebskosten voll weiterbezahlt werden müssen, sind Sehenswürdigkeiten von oben verordnet geschlossen. Der Berliner Airport darf als staatliche Einrichtung aber vorbildhaft entgeltliche Sightseeing-Touren anbieten. Klar, die staatliche Flughafengesellschaft benötigt abermals eine halbe Milliarde Euro; Viren gibt es wohl nach Auffassung der Verantwortlichen offenbar nicht im selben Maße am Berlin-Brandenburger Großflughafen wie bei einer privaten Sightseeing-Einrichtung mit Hygienekonzept.

20 Milliarden als Puffer

Der aktuelle Lockdown, wie man die partielle Ausgangssperre euphemistisch bezeichnet, belastet den Staatshaushalt mit mindestens 20 Milliarden Euro. Einen Monat partieller Ausgangssperre für 20 Milliarden Euro Steuermittel. Man wagt sich zu fragen, was mit so viel Geld hätte alternativ geschaffen werden können. Rein mathematisch zum Beispiel 50 voll ausgestattete Krankenhäuser mit 13.300 Zimmern und gut 25.000 Betten oder der Bau von 1.000 Schulen.

Beides wäre möglich gewesen. Wir diskutieren derzeit lieber nicht über die Problematik der radikalen Islamisten, trotz der jüngsten Terroranschläge in Frankreich, Österreich und sogar Dresden. Für unsere Integrationsmaßnahmen aber geben wir jährlich nur etwa ein Zehntel dessen aus, was uns der Lockdown in diesem einen Monat November 2020 kosten wird. Sicher, der Unterhalt jener 50 Krankenhäuser kostet wiederum viel Geld und sicher ist auch, dass man in unserem Land erst baut, nachdem viele Jahre für den Genehmigungsprozess bis zur Errichtung vergangen sind. Es würde aber vorausschauend Substanz für die Zukunft geschaffen werden.

Apropos: Wie lange wird der Lockdown dieses Mal und wann kommt der nächste Lockdown? Im Februar 2021 schon? Sollte man hier nicht schon jetzt beispielsweise Hotels identifizieren, die notfalls Patienten aufnehmen, welche in Krankenhäusern aufgrund potentieller Überlastung weggeschickt werden? Oder sollte man dort Zentren der Diagnostik einrichten, weil sich ein Otto-Normal-Patient nicht mehr in ein Krankenhaus traut? Immerhin sind 1,6 Millionen OPs verschoben worden und allein bei Krebserkrankten steigt das Sterberisiko bei einer Verschiebung der Diagnostik von acht Wochen um 13 %. Wie viele Ärzte hätten wir heute mehr, wenn die ständigen Forderungen nach mehr medizinischen Studienplätzen und deren Finanzierung beim Deutschen Ärztetag gehört worden wären? Seit fast vier Jahren werden 6.000 weitere Studienplätze und deren Finanzierung gefordert. Für 108 Millionen Euro jährlich hätten wir dieses Ärztepotential heute. Wie soll es in der Zukunft aussehen?

Hoffnung als einzige Strategie
So bedauerlich es ist: Es gibt keine sinnvoll begründete Perspektive für die Menschen unseres Landes. Das Konzept der Regierung(en) ist eine diffuse Hoffnung. Spekulation auf einen Impfstoff, der im Dezember kommen, verteilt werden und schützen soll. Hoffnung auf eine Immunisierung in der Gesellschaft irgendwann im Laufe des Jahres 2021 – vielleicht. Kein Lockdown in 27 untersuchten Ländern hat bisher nach aktuellen Studien die Sterblichkeitsrate senken können (Artikel des *Journal of Medical Research*, 12.11.2020). Dennoch wird einfach immer wieder neu verlängert – gleichwohl nicht einmal zuverlässig: Während Berlin am 22. Dezember lockern will, der Bund Anfang Januar 2021, spricht das Kanzleramt bereits von März 2021. Wem soll man da glauben und woraufhin soll man seine Mannschaft und sich selbst einstellen? Entsprechendes gilt für die Unternehmen. Etwa 13.500 staatliche Fördermittelkredite wurden vergeben, bei gleichzeitiger Aufhebung der gesetzlichen Insolvenzantragspflicht bei Überschuldung der Unternehmen. Das bedeutet, dass viele Unternehmen nicht durch ihre eigene Aktivität überleben können und sich faktisch Kredite auch über unbezahlte Lieferanten und Dienstleister nehmen. Einige dieser Zombie-Unternehmen müssen dann irgendwann doch ausfallen und verursachen damit immense Kollateralschäden bei Dritten, natürlich auch beim Staat, dessen Kredite naturgemäß ausfallen. Man lässt zu, dass Spekulation und Hoffnung als staatlich anerkanntes Unternehmensprinzip gesellschaftliche Akzeptanz finden.

Dieses Vorgehen ist ethisch ungesund und wird manche Menschen hart auf den Boden der Realität aufschlagen lassen; dann nämlich, wenn die Steuern erhöht werden (müssen), um hunderte Milliarden Euro nicht im Wege der Inflation abschreiben zu müssen. Schon jetzt ist mit knapp 180 Milliarden Euro die zweithöchste Neuverschuldung der Geschichte der Bundesrepublik beschlossen worden.

Strategisch besser wäre doch, wenn die Gesundheitssenatorin und der Bundesgesundheitsminister erklären, was sie tun werden, um das Schutzziel mit möglichst milden Maßnahmen zu erreichen: Alle Menschen über 60 Jahre sollen nun Risikopatienten sein, also 23 Millionen Menschen. Bei 20.000 Infizierten werden 400 intensivmedizinisch behandelt. Nach 15 Tagen sind also 6.000 Betten belegt. Das sind also 2 % der aktuell infizierten Altersgruppen und 20 % aller verfügbaren Intensivbetten. Dieser einfache Dreisatz scheint bereits zu kompliziert, um die vergangenen und derzeitigen Monate zu nutzen, die Zahl der Intensivbetten nebst Personal (z.B. durch verrentete ehemalige Ärzte und Schwestern, in Kurzarbeit befindliches Pflegepersonal) entsprechend zu erhöhen.

Lediglich 3.000 zusätzliche Intensivbetten wären nötig gewesen, um einen Bruchteil der November-Sonderkosten aufzufangen und angesichts der nachhaltigen Verfügbarkeit der Betten für spätere Lockdown-Ersatzmaßnahmen zur Verfügung zu haben. Selbst wenn die Regierungen zuverlässig gewusst hätten, dass ein Wirkstoff gefunden werden würde, der das Virus im Winter 2020/21 bekämpfen kann, hätte man die Bevölkerung nicht offen ins Messer laufen lassen dürfen. Die Maßnahmen sind ungefähr so unverhältnismäßig, wie wenn man in die Wohnung des Nachbarn einbrechen dürfte, wenn dort ein für sich selbst abgeliefertes Paket länger als drei Stunden liegt.

Operative Inkompetenz?

Schwindelig wird dem Statistikleser, wenn das Finanzministerium mitteilt, dass 2020 und 2021 als Jahre der Pandemie 1,5 Billionen Euro kosten werden. „1,5 Billionen" entsprechen drei ganzen Bundeshaushalten. Prognosen sind leider selten zuverlässig, man muss nur an die prognostizierten Bauzeiten und Baukosten öffentlicher Bauvorhaben wie das des Berliner Flughafens denken, der dreimal länger als ursprünglich geplant (14 Jahre) gedauert und fast das Neunfache (Stand 2006) bzw. das Vierfache (Stand 2007) mehr als amtlich geplant (7,1 Milliarden Euro) gekostet hat. Diese beispielhafte und zugleich beispiellose operative Inkompetenz bezahlen wir mit unserer statistischen Lebenszeit von 81 Jahren, konkret mit unserer Arbeitszeit. Wir gehen täglich arbeiten, um Steuern und Abgaben zu zahlen – übrigens ab 2021 wieder bei erhöhter Mehrwertsteuer – und um zu dulden, dass jeder zweite Bundes- und Landesbau die ursprünglich geplanten Bauzeiten, aber auch die Baukosten erheblich sprengt.

Man denke da in Berlin aktuell an die Sanierung der Neuen Nationalgalerie, die Staatsbibliothek zu Berlin oder das Museum der Moderne, das bereits vor Baubeginn einfach 200 Millionen Euro teurer als beworben erstellt werden soll. Wenn Berlin Schulplätze saniert, liegen die Kosten fünfmal höher als im Bundesdurchschnitt. Wie wird das enden? Jedes zweite Bauvorhaben mit einer Größenordnung von zehn Millionen Euro aufwärts wird nicht wie geplant erstellt. Die Erstellungskosten pro Quadratmeter sind nirgends höher, wenn öffentliche Organisationsverantwortliche ins Spiel kommen. In keinem Jahr dieser Legislaturperiode hat Berlin die ursprünglich geplanten Wohnungen gebaut, um den Bedarf an Wohnraum zu decken.

Gemeinwohl zu verkaufen

Gedrucktes Geld kann doch sinnvoller für die Gemeinwohl-
finanzierung eingesetzt werden. Wissen Sie, was Sie als Privat-
person in zehn Jahren machen werden? Was ist in den letzten zehn
Jahren für unsere Bildung, Gesundheit, Klimaschutz, Integration
oder Digitalisierung ausgegeben worden, um unser Land gerechter,
intelligenter, sauberer, gemeinschaftlicher und wettbewerbsfähiger
für unsere Kinder und Kindeskinder zu machen? Für Bildung werden
insgesamt pro Jahr nur 147 Milliarden Euro (der Bund gibt weniger
als 20 Milliarden aus) ausgegeben. Mit den Corona-Verpuffungs-
ausgaben zweier Jahre könnte man also zehn Jahre lang bequem
die Bildung finanzieren. Für die Digitalisierung werden noch nicht
einmal 4 Milliarden Euro jährlich investiert (also ein Fünftel der
Kosten für die November-Ausgangssperre). Damit hätte man preis-
werter die Meldung, Nachverfolgung und den Schutz anderer haben
können und wahrscheinlich ebenso viele Leben gerettet.
Klimaschutz durfte 2019 nur 540 Millionen Euro kosten, also einen
halben Arbeitstag der November-Ausgangssperre. Das Bundesfinanzministerium verspricht zwar bis 2023 insgesamt knapp 40 Milliarden
Euro für Klimaschutz bereitzustellen, aber wer weiß, was nach der
Zerstörung ganzer Wirtschaftszweige überhaupt noch vom Haushalt
übrigbleibt.

Wir alle sind der Staat

Wenn wir alle Teil(chen) dieses ausgezeichnet veranlagten demokrati-
schen Systems sind, dann müssen wir doch von denjenigen, die an
den Informationsquellen sitzen, erwarten,
• dass vorausschauend und nachhaltig in unser Gemeinwohl investiert
wird und
• dass Problemen, die täglich neu auftreten, nicht reaktionär hinterher-
gerannt wird.

Wir können von unseren Repräsentanten Leistung verlangen, aber das Prinzip hat sich umgekehrt: Wir sollten unsere Erwartungen an die Politiker so weit herunterschrauben, dass sich unsere Enttäuschung über ihr Versagen in Grenzen hält.

4. Januar 2021

In einer Sitzung der Stadtverordneten des Bezirks Berlin-Mitte, zu der ich eingeladen war, wurde über Verbesserungen zum Thema Tourismus in Mitte diskutiert.
Man wolle nun aus 4 Ordnungshütern 11 machen. Diese 11 Mitarbeiter sollten
dann Bürgermeldungen zu weggeworfenen Kaffeebechern notieren. Diese ernsthaft umgesetzte Einstellung von Leuten brachte mich zu neuen Kolumnen in
2021. Denn wenn inzwischen Verwaltungsapparate nicht mehr zur Problem-
lösung aufgebaut werden, sondern nur noch zur Problemdokumentation, dann
ist das der Beginn des Endes eines Systems.

Wiedereröffnung, aber bitte richtig!

Berlin vor der Wieder-Eröffnung 2021

Nach einem schwierigen Jahr 2020 für alle Menschen dieser Stadt soll es 2021 wieder aufwärts gehen. Reisefieber wird die Menschen packen, sobald es wieder erlaubt ist, zu reisen. Berlin hat unter Deutschlands Städtedestinationen ganz sicher am meisten zu bieten, denn keine andere Metropole kann so viel Kultur und Vielfalt darstellen. Auf vier Millionen Berliner kamen 2019 rund 14 Millionen Gäste. Kongresse wird es zwar auch 2021 weniger geben, aber nach langer Bauzeit und dem Abschied von Tegel kommen Besucher nun im Südosten statt im Nordwesten an. Vom BER aus ist man in rund 30 Minuten in der Innenstadt. Anders als in Paris oder London verschwendet ein Besucher also immer noch sehr wenig Zeit seines Aufenthalts mit der An- und Abreise. Er kann Berlin auch während eines kurzen Aufenthalts genießen – wenn er will und wenn er darf.

Wer hält aber diese Stadtfreundlichkeit aufrecht? Wie wird man zwischen spanischsprechenden Menschen am Boxhagener Platz und den englischen Lauten in der Torstraße den Besucher vom Dauerbewohner unterscheiden können, um den Touristen vom Berliner kategorisierend als too much waste abzugrenzen? Wird man auch künftig jede Eventualgefahr bei Attraktionen detailliert besinnend regulieren wollen?

Provinzielle Konzepte

Wir erinnern uns an das Tourismuskonzept 2018+? Ein Problem des Tourismuskonzepts 2018+ ist, dass man nur schlafende Touristen auswertet und nicht die sich bewegenden. Ein Konzept dieser Stadt der Freiheit also, die nicht mehr frei wählen lässt, wer was wann und wo besuchen möchte. Die Reisewilligen sollen deshalb schon am Abreiseort kategorisiert werden, ob sie vielleicht junge Party-Touristen und deshalb legal ordnungspolizeilich zu erfassen sind. Berüchtigte Straßennamen wie die Simon-Dach-Straße oder Hinweise auf die Existenz des RAW-Geländes wurden auf offiziellen Karten ausradiert. Aber auch junge Menschen werden irgendwann erwachsen – und kommen vielleicht wieder, wenn sich diese Stadt zu allen gastfreundlich zeigt. Schon 2021 wird man über jeden Besucher froh sein, der mit einem Budget von 210 Euro in Berlin unterwegs ist. Wenn es ein junger Mensch ist, der die noch geschlossenen 200 Clubs besuchen möchte, dann wird das Unwort „Overtourism" vielleicht politisch obsolet. Die Auswirkungen der Coronakrise kommen erst noch, nämlich dann, wenn Bars und Restaurants deswegen nicht mehr öffnen, weil die versprochenen „Überbrückungshilfen" bzw. „November-Hilfen" als Schadenersatzgelder aus finanzieller Inkompetenz oder wegen Verstoßes gegen das Beihilferecht und in Ermangelung funktionierender Software nicht ausgezahlt werden. Wie in einer schlechten Fernsehserie wurden Abschlagszahlungen vor Weihnachten bereits mit Dollarzeichen auf den Bescheiden versehen. Wird der Euro jetzt abgelöst?

Einige Galerien hat Berlin bereits aus seinen „Mauern" vertrieben. Irgendjemand muss aber Geld verdienen, wenn man es nicht einfach drucken kann. Alternativ könnte man das Fünftel Armutsbevölkerung und die Zahl der Wohnungslosen dieser Stadt (derzeit 37.000) zunehmen lassen. Den Winter analog zum Wort „Rassismus" oder „Clan-Kriminalität" auf dem Papier abzuschaffen, um auch „Kälteplätze" nicht mehr schaffen zu müssen, wird sich in der Praxis nicht realisieren lassen. Hunderte Planstellen für städtische Angestellte sollen helfen, den orientierungslosen und digital ahnungslosen Besucher mithilfe städtischer Stelen zu lenken – die Lenkungsziele werden natürlich nur wettbewerbswidrig ausgesucht, denn staatliche Einrichtungen müssen besucht werden. Im Wettbewerb zu den privaten Einrichtungen jedenfalls, die Steuern zahlen und Arbeitsplätze schaffen, bekommen höhere staatliche Kulturlenker ein monatliches Salär von bis zu 45.000 Euro. Das hohe Gehalt zeugt davon, dass die Politik alles Maßlose versucht, um auf dem Papier den Anschein von Qualität zu erzeugen.

Zentrale Bauten

Das Humboldt Forum im Berliner Schloss wird in Kürze eröffnen. Man erinnere sich: Der Bau, eine Mischung des Stils einiger provinzieller und nationaler Monarchen, wurde 1950 weggesprengt. An seiner Stelle entstand das politische Symbol der DDR-Diktatur, das 2006 als Palast der (falschen) Republik asbestverdächtig niedergerissen wurde. Nun entstand wiederum an dessen Stelle das Humboldt Forum. Wie der BER und alle anderen Bauvorhaben, an denen die öffentliche Hand mitwirkt, wurde es mit zeitlicher Verzögerung vollendet und natürlich einige Millionen Euro teurer als geplant. Elf Jahre hat es gedauert und mehr als 4,7 Millionen Euro monatlich gekostet. Aber es steht und soll nun mindestens 3,5 Millionen Menschen jährlich anlocken. Örtlich ist es gegenüber der Berliner Museumsinsel angesiedelt, die bereits 2,5 Millionen Besucher anzieht. Eine Konkurrenz zum Louvre soll es werden, denn zwischen künstlerischer Freiheit und wertvollen Ausstellungen will man einen kulturellen Spagat hinlegen, der Weltformat hat. Als Ort der politischen Repräsentanz sieht sich das Humboldt Forum ebenfalls, was jedoch den freien Spagat unmöglich machen wird.

Der politische Gesinnungsstreit dazu hat etwas Belustigendes in sich und macht das riesige Gebäude einen Besuch wert. Man braucht eigentlich nur die Karl-Liebknecht-Straße zu überqueren. Es fehlen eine unmittelbare Bushaltestelle und auch ein Fußgängerübergang, weil das Verkehrskonzept solche nicht vorgesehen hat. Das Forum entstand unerwartet und überraschend aus der privaten Initiative und den unermüdlich gesammelten Mitteln des engagierten Wilhelm von Boddien.

Dieser hatte seit 1992 das Konzept vorangetrieben. Das neu gefasste Tourismuskonzept 2018+ sah aber keine Touristen im Zentrum vor bzw. wollte dort möglichst wenige sehen. Die sichtbare Abwehr der peinlichen Realität hat in Berlin Tradition. Sie wird vom internationalen Besucher auch nicht durchschaut, weil er sich nicht vorstellen kann, dass er in Permanenz pädagogisiert werden soll.

Wie läuft eigentlich das Pilotprojekt Friedrichstraße, das man vor ein paar Monaten startete? Bis Februar 2021 kann man sich dort informieren. Aber keine Eile, das Projekt soll zuverlässig unzuverlässig verlängert werden. Als Besucher kann man jetzt die leere innerstädtische Fahrradautobahn zwischen Leipziger Straße und Unter den Linden genießen. Das allein ist eine Attraktion von Planlosigkeit und Unvernunft an sich. Berliner Politiker-Aussagen haben leider kein nachhaltiges Gewicht, weshalb Altmieter gehen und Neumieter sich nicht trauen, konzeptionell festgelegt anzumieten. Die Google-Frage „where to go in Berlin" jedenfalls scheint bisher unzensiert und ungesteuert, so dass die Besucher der Stadt ins Zentrum wandeln dürfen, und zwar unabhängig davon, wohin die über hundert Stelen der Stadt offline lenken wollen. Auch die neuen Litfaßsäulen in vierstelliger Zahl haben nicht etwa access points für eine Stadt mit WLAN hervorgebracht. Es rächt sich nun, wenn die Besucher nicht auch online vollends steuerbar sind. Wo werden denn solche Entscheidungen getroffen, fragt man sich. Wie man ausschließlich in deutscher Sprache Besuchern aller Welt verständlich macht, dass sie überwacht werden, hat diese Stadt bereits auf den Säulen vor dem Zentralgebäude vergangener Herrschaftsgebilde bekannt gemacht.

Zentrale Systeme

Man liest derzeit viel über staatliche Hilfen und über Pläne, wie die Innenstädte und Stadtteilzentren vor Verwaisung geschützt werden sollen. Hersteller von Waren müssen sich bereits Amazon unterwerfen, wenn sie ihre Produkte online verkaufen wollen. Gut ein Drittel darf der Initiator abgeben, während der Einzelhandel geschlossen ist. Gleiches gilt für touristische Attraktionen. Wer eine Idee hat und diese mit hohem persönlichem Einsatze zum Leben erweckt, ist derzeit geschlossen, wird aber künftig ebenfalls einigen Angriffen ausgesetzt sein. Neben Google mit seinen ersten Schritten hin zu digitalen Ausstellungen, die den tatsächlichen Besuch obsolet machen (sollen), greifen private Marktmonopolisten oder solche, die es werden wollen, parasitär auf Anteile der Tickets, die eigentlich die Kernideen, Mannschaften und Raum finanzieren sollen. Auch da wird nach anfänglich freundlichen Gesten die Hand entrissen, wenn man nur den Finger hergeben wollte. Eine Online-Abgabe wird dem nicht entgegenwirken. Vielmehr sollte die Zeit genutzt werden, auch agile private Initiativen zu unterstützen, anstatt zusätzliche staatliche Hürden bei Tourismuskonzept, Stelen-Aufbau und staatlichen Ticketanbietern aufzubauen. Staatliche Drang-salierung und monopolistische Ausbeutung nehmen nun mehr als die Hälfte der Einnahmen weg.

2021 wird also ein spannender Überlebenskampf derjenigen, die 2020 gelernt haben, dass man den schlimmsten Fall gar nicht zu denken braucht, weil er in der Realität noch viel schlimmer sein wird. Im Jahr 2019 eröffnete Attraktionen gelten förderrechtlich als nichtexistent. Wer will da noch unternehmerisch aktiv sein, wenn Staat und private Monopolisten gleichermaßen den Untergang fördern, durch Subven-tionspolitik sozialisieren und Eröffnungen gar nicht erstmotivieren? Lieber gar nichts tun und heldenhaft Kartoffelchips essend auf den Sofas der Republik verbleiben, als sich Blutsaugern auszuliefern? Anfangen würde hier die Lösungssuche, wenn man diejenigen an den Tisch holt, die sich aufgrund ihrer Erfahrung und ihres persön-lichen Einsatzes auskennen.

Stadt der Sünden

Das Tourismuskonzept 2018+ beschäftigt sich kaum mit der Frage nach Sicherheit und Sauberkeit. Beim Thema Sicherheit reagiert die Politik mit Bürgerwehren, die sich bilden sollen, und hat die Anzahl der Callcenter-Ordnungsbeamten in den Behörden verstärkt. Diese sollen dann melden, wenn ein Tourist einen Becher Latte einfach auf der Straße entsorgt. Auch beim Thema Sauberkeit wird nicht hinterfragt, wer wirklich die Besucher der Parks sind: Einheimische oder Touristen. Es fällt schwer, den Touristen vom Einheimischen zu unterscheiden, wenn beide andere Sprachen sprechen. Man könnte glauben, dass eine hoheitliche Aufgabe auch wirkliche Sicherheit in dieser Stadt sei. Aber Berlin bleibt auch hier ganz besonders: das LADG (Landesantidiskriminierungsgesetz) ist sogleich geschaffen worden. Statt sich also ordentlich analysiert zu fragen, wer welche Straftaten begeht und sich auf die Erfahrung der Polizei zu stützen, muss diese nun beispielsweise im Görlitzer Park wie folgt Menschen prüfen: Bei zehn Personen prüft man von Kind bis Rentner w/m/d neun Personen und dann erst einen typischen Verdächtigen. Nur so ist sicherzustellen, nicht automatisch der Diskriminierung verdächtigt zu werden. Wenn wir uns schon so weit aus dem Fenster lehnen, wollen wir auch der Polizei empfohlen haben, Straftaten nur mehr als einfache Strichlisten zu zählen. Es ist unangenehm, wenn man – wie in Berlin vor einigen Jahren geschehen – die Straftaten ständig in andere Rubriken verschieben und mit Worten uminterpretieren muss. Einbrüche wurden zur allgemeinen Volksberuhigung vereinfacht als versuchte und vollendete Sachbeschädigung gezählt. Unangenehm, wenn man intime und krankhafte Morde oder Vergewaltigungen inhaltlich differenzieren müsste. Viel besser ist doch, jede Straftat als simplen Strich zu symbolisieren. Gut eine halbe Million Striche gäbe es, also ein Zehntel aller in Deutschland verübten Straftaten geschieht in Berlin. Sünde ist Sünde, und letztlich werden bei Gott sämtliche Sünden vergeben, wenn sie nicht in seinem Namen verübt worden sind. Niemand will hier genau wissen, was los ist.

In diesem politisch-provinziellen Umfeld gibt es Gott sei Dank die privaten Initiatoren. Berlin bleibt die schönste Stadt mit dem ewigen Potential auf Besserung! Ein guter Anfang wäre doch, nicht durch Sprache zu verändern, sondern durch Vernunft. Aufhören, den Cent zu regeln, sondern in Euro zu denken. Menschen sind nicht wegen ihrer Hautfarbe oder des Geschlechts zu quoteln, sondern man muss Chancengleichheit herstellen und Leistung wieder fördern.

1. Mai 2021

Es herrschte immer mehr Wohnungsnot, obwohl Berlin viele freie Baugrundstücke hat. Rezept Berlins war, einen Mietendeckel einzuführen, der nun krachend gescheitert war. Gleichzeitig mietet Berlin heruntergekommene Häuser fremd und teuer an, um sie dann wieder unnötigerweise zu verschenken. Dazu führte ich Musterprozesse, die in der ersten Instanz verloren gingen. Immerhin waren private Künstler-Aktivitäten (ich habe seit 2012 zwei Musikerhäuser mit gut 1.000 Musikern) durch diese Staatsaktionen akut gefährdet. Man zerstört also funktionierende Häuser und verliert die Heimat von Musikern.

Berlin vertauscht die Reihenfolge – und verliert

Leistung und Chancengleichheit in einer regulierten Welt

Das höchstrichterliche Kurz-Urteil zum Mietendeckel war keine wirkliche Überraschung. Verwunderlich ist, dass das Bundesverfassungsgericht nicht postwendend auf die Verfassungsbeschwerde entschieden hat. Allerdings brauchte es keine mündliche Verhandlung für die Erkenntnis, dass das Land Berlin sich schlichtweg in der Reihenfolge seiner Kompetenzen vergriffen hatte: Zuerst hätte es die Unabhängigkeit von der Bundesrepublik Deutschland („Berexit"), danach die eigenen Bundesgesetze beschließen müssen.

Nun wäre es angemessen, die Gutachten über die angebliche Rechtmäßigkeit des Mietendeckels auseinanderzunehmen. Immerhin vertrauten hunderttausende Menschen auf die Gutachten der sogenannten Experten. Gutachten darf aber jeder verfassen und der Auftraggeber kann behaupten, die Richtigkeit seines Handelns sei wissenschaftlich erwiesen. Der Kampf zwischen alternativloser Wissenschaft und alternativloser Realität setzt sich fort.

Gefangen in Fantasie, frei von Kompetenz

Anstatt auf den gut sieben Millionen Quadratmeter öffentlichen Baulands in Berlin schlichtweg geförderten Wohnraum zu bauen und die seit sechs Jahren erlebte Wohnungsnot zu reduzieren, überlegt man aktuell, Unternehmen zu enteignen. Man beginnt – natürlich auf Kosten der Gemeinschaft – mit intellektuell harmlosen Kleinteilstudien, die in Gutachten münden, bevor man Hirn und Hand mit der Umsetzung des Wohnungsbaus anstrengen muss. Diese Verfahrensweise ist das grundlegende Problem unserer Regierenden, die mit reinen Ideen und Meinungen aus der Wiege des Sozialstaates direkt zu den Traumberufen in die politische Welt des abgesicherten Staatsbediensteten geführt werden. Qualifizierung oder Kompetenz folgen in umgekehrter Reihenfolge durch gemeinsame Erfahrungen.

Haben Sie noch die „wissenschaftlichen Gutachten" in Erinnerung, die zusammengesetzt wurden, um die Verantwortung für die Vermüllung der Berliner Parks unbekannten Touristen anzulasten und auf diese Weise die Regularien des Tourismuskonzepts 2018+ zu rechtfertigen? Nun werden diese Gutachten mit der Realität des Quasi-Verbots des Tourismus konfrontiert. Seit Monaten kommen keine Touristen, weder kurz einreisend noch übernachtend, in unser Bundesland. Wie kommt es dann, dass die Parks weiterhin vermüllt sind? Wenn es Phantomtouristen nicht sein können, dann könnte ein intellektueller Blindflug nebst wissenschaftlicher Selbsthilfegruppenarbeit das Bild des vermüllenden Touristen ad acta gebracht haben.

Unter diesen Vorgaben ist es auch schwer geworden, in Berlin unternehmerisch (im Sinne von „geschäftlich") tätig zu sein. Zunächst einmal bedarf es einer (Geschäfts-)Idee. Will man beispielsweise ein Europa-Theater eröffnen, um einem gespannten Publikum Klischees oder Witze der jeweils anderen Staaten vorzutragen (nebst Fernsehaufzeichnung), muss man immer damit rechnen, Zensur und Boykott zu provozieren. Keine Witze über Minderheiten, keine Witze über andere Kulturen, nichts schwarz oder weiß anmalen und schon gar nichts über Religion sagen. Realwissenschaftlich beginnt das Verstehen anderer Menschen mit Kommunikation und Gedankenaustausch, nicht mit der grundsätzlichen Ächtung und Unterdrückung von Meinungen, die es auszutauschen gilt. Im Bereich von Kunst & Kultur öffnet man die eigenen Felder für andere Farben. Kürzlich hat man die Serie der Little-Britain-Macher „Come Fly with Me" aus dem Programm von Netflix genommen. Einer der beiden weißen Darsteller spielte die Rolle einer dunkelhäutigen

70

Coffee-Shop-Angestellten. Ist das eine neue Regel der Political Correctness oder löscht man hier bereits eine vermeintlich unangenehme Vergangenheit aus?

Wer wird Visionen in Zukunft noch in Umsetzung bringen dürfen?

Junge Unternehmer meinen, dass sie bereits gefördert würden, indem man nicht zuerst Steuervorauszahlungen ermittelt, Zwangsbeitragsgesellschaften gründet und Bauabnahmen und Gutachten-Gutachten verlangt. Das Gefühl ließe sich steigern. Man könnte jeder neuen Idee sogar zwei bis drei Jahre freie Entfaltung ohne Steuern, Beiträge und Unterwürfigkeitsbehördengänge zusichern. Damit würde jederfrau und jedermann ermöglicht, Ideen umzusetzen, ohne dass man zuvor das Vermögen der Großmutter einsetzen oder verschuldet starten müsste. Der Staat erklärt also den auf weniger als 5 % verbliebenen Unternehmenden dieser Gesellschaft, wie man zu unternehmen hat, und vernichtet zunehmend die Möglichkeit derer, die ohne Startkapital oder Netzwerk – nur mit einer Idee oder mit Elan ausgestattet – in ein unabhängiges Wirtschaftsleben starten. Allerdings werden derzeit junge Menschen in der Regel in ihrem Zuhause eingesperrt, nicht ausreichend geschult, der Breitensport wird verboten und die Möglichkeit, Nicht-Lebensmittel zu erwerben, nur gegen entgeltliche Testbescheinigung gestattet. Was bedeutet das für die sozial Schwächsten der Gesellschaft? Gibt es hier Gutachten? Fehlanzeige. Intelligent wäre doch gewesen, dafür zu sorgen, dass jeder Mensch unserer Gesellschaft ab der Geburt unabhängig von Herkunft, Sexualität, Hautfarbe oder Religion die Möglichkeit bekommt, sein Talent in einem Beruf zu entwickeln. In der aktuellen politischen Landschaft kann man solche Vorstellungen zu Grabe tragen.

Der Staat als Unternehmer: chancenlos

Diese Perversion erreicht nun einen neuen Höhepunkt. In der vorletzten Phase dieser „Entwicklung" gründet der Staat selbst GmbHs. Diese Staats-GmbHs haben gleichwohl Ressourcen ohne Ende und (noch) Geldmittel von Steuerzahlern verfügbar. So muss die Staats-GmbH den Untergang nicht fürchten, wenn das Produkt schlecht und oder der Einsatz unzureichend ist; wenn Ideen und Innovation ausbleiben. Diese Staats-GmbHs treten nach außen als Unternehmen auf, sind innerlich aber rein politisch dirigiert. Was macht nun der Staat mit derart vielen Möglichkeiten, ohne selbsternährend tätig sein zu müssen: Er kopiert private Ideen und presst diese in staatliche GmbH-Strukturen. Eigene Kultur-Ideen sind hier nicht vorhanden, zumal jeder so lange den eigenen Senf (entspricht einer Meinung, gerne auch unfundiert) dazugeben darf, bis inhaltlich nichts übrigbleibt – siehe die Diskussionen um Inhalte im neuen Humboldt Forum. Die innere Struktur von Gesinnung, Postenhierarchien und Quoten in Staatsbetrieben gesetzt. EU-Recht, wonach größere Engagements einer Ausschreibung bedürfen? Schnee von gestern.

Wir kennen die Tourismus-Lenkungs-GmbH mit angeschlossenen Souvenir-shops: visitBerlin. Diese will nun ein eigenes, exklusives Ticketing-System implementieren und unerwünschte Wettbewerber ausschließen. Hunderte Offline-Informationsstelen der Stadt sollen Berlin-Besucher weg von kommerziellen Einrichtungen, aber ausschließlich hin zu staatlichen und nicht-kommerziellen Einrichtungen führen. Die sogenannte oder so firmierende „Kulturraum Berlin GmbH" verhandelte neulich einen Mietvertrag zu horrenden Konditionen aus und etabliert sich direkt neben einem mühsam restaurierten privaten Haus, um dort zu einem Bruchteil der eigenen Kostenmiete Räume Musikern dieser Welt zum subventionierten Spottpreis anzubieten. Die privaten Häuser werden keine Mitarbeiter*innen beschäftigen und

Steuern mehr erwirtschaften können. Mit all diesen Initiativen wird es aber so kommen, wie es bereits in der DDR war oder in totalitären Systemen ist: Neue Initiativen werden im Keim erstickt. Gerechtfertigt wird das mit hohlen Phrasen in der Art von banal-pädagogischem Geschwätz.

Echte Unternehmer steigen aus

Die Folge: Vermögende ziehen sich aus Risiko-Anstrengungen zurück und legen ihr Geld in langweiligen Finanzprostitutionsprodukten und Derivaten an, die gesellschaftlich keine positive Wirkung erzeugen. Nachfolgenden Generationen bleibt der Zugang zum Wettbewerb mit dem Staat verschlossen. Dort hingegen muss man sich Jahrzehnte ein- und unterordnen, damit man im Laufe des körperlich-geistigen Alterungsprozesses die entsprechenden Besoldungsstufen hinauf-klettern kann. Das Ende: Berlin wird als Ganzes zu einem Museum. Wir wissen allein aus den letzten bald zwei Jahren Pandemie, dass die Exekutive wirklich gar nichts hinbekommen hat – obwohl es sicher sehr viele qualifizierte Verwaltungsmitarbeiter gibt. Warum konzentriert man diese nicht auf die Arbeit an der schwächelnden Infrastruktur unseres Landes und versucht stattdessen, Burger und Döner staatlich herstellen zu lassen? Man sollte einfach die Reihenfolge ändern. Zuerst das Land zu einem Museum erklären und dann unmittelbar und mittel-bar alles als Museumsstücke verstaatlichen.

1. September 2021

Dann standen endlich Wahlen an. Bund und Land durften wählen. In Berlin war klar, dass rot-rot-grün wieder gewählt werden würden. Im Bund wunderte man sich, dass die Spitzenpositionen nicht durch die Aussichtsreichsten, sondern anders besetzt wurden. Die Strafe folgte auf dem Fuß. Ich nahm also das Wahlprogramm im Segment Tourismus in Berlin auseinander. Hier zeigte sich besonders gut, wie schlecht Parteien denken.

Wahlen 2021 für Bund und Berlin

Dämonen der Mittelmäßigkeit

Die Wahlen stehen kurz bevor. Vielleicht lohnt es sich dieses Mal, ein wenig nachzudenken. Es ist zwar allgemein bekannt, dass Wahlversprechen in den seltensten Fällen eingehalten werden. Überlegen wir aber, was „allgemeine Wahlen" eigentlich bedeuten: Die Allgemeinheit wählt für ihre allgemeinen Belange den Bundestag. Dieser hat, nebenbei erwähnt, das Maximum an Abgeordneten aller Zeiten erreicht. Er ist mit der Zahl seiner Abgeordneten nach China weltweit die personelle Nummer 2. Im Widerspruch dazu stehen die Fakten, nämlich dass der politische Spielraum der gewählten Regierung ein eng begrenztes Feld ist: finanziell von Haus aus, außer Haus durch das EU-Recht abgesteckt und geopolitisch auf die Grenzen des Schattens der USA vergattert. Das gilt für alle Farbkonstellationen von schwarz, grün, rot und rosarot bis gelb – und selbst für blau. Kann man sich deshalb den Gang zur Urne sparen und warten, wie Otto Normalverbrauchswähler entscheiden wird? Keine Partei in Berlin wird Alleinherrscherin werden; die Wahlprogramme werden deshalb reine Verhandlungsmasse unter den Parteibrüdern sein und in verwässerten Kompromissen aufgehen.

Das touristische Farbkarussell der Wahlen 2021

Jede Partei hält ihr Wahlprogramm für das beste. Die einzelnen Punkte seien unverzichtbar für die Zukunft Berlins nach Vorstellung ihrer politisch bestimmten Listenrepräsentanten. Im Detail betrachtet können aber Kollateralschäden entstehen. Aufwendig umgebaute Elektrobusse kommen vielleicht nicht mehr bis Berlin, die Trabbi-Safari könnte ihre Gefährte zu Fahrrädern umbauen müssen. Ein verkehrsberuhigter Kudamm mit drei Metern Abstandsgebot hat nicht mehr die international beliebte Atmosphäre einer Metropole. Damit beginnt das Interesse der steuerzahlenden Unternehmenden und ihrer Teams am Personenkreis, der sich diesmal wählen lassen will. Schauen wir uns als Unternehmer im Bereich Touristik und Hospitalität an, was die Wahlprogramme für den Berliner Tourismus aussagen. Wir beginnen ganz links:

Links für Arbeitsschutz als Tourismusschwerpunkt

„Wir setzen uns dafür ein, dass bei der Tourismusförderung auch gute Arbeitsbedingungen als Kriterium berücksichtigt werden ...“

Der Tourist wird ein wenig in unsere Arbeitskämpfe miteinbezogen. Ein gewisses Museum sollte deshalb nicht besucht werden, weil die Aufseher acht Stunden bei nur 15 Minuten Mittagspause durcharbeiten müssen. Egal, was das Museum zeigt, der Tourist soll in ein Museum gehen, das nur sechs Stunden geöffnet ist. Neben der Liste der Eintrittspreise muss der Direktor künftig auch die Lohnlisten aushängen, damit der Tourist erkennt, was für eine Art von Zuchthaus er betritt – insbesondere bei den Kleinstbetrieben, wo die Arbeitsbedingungen besonders schlecht sein sollen. Und natürlich bedarf es für die Linke eines Tourismus ohne Begleiterscheinungen. Was sind Begleiterscheinungen?

„Begleiterscheinungen sind vor allem die Innenstadtbezirke stark belastende Bier-Bikes und Reisebusse auf den Straßen, Rollkoffer- und Partylärm, Verdrängung von Geschäften und Gewerbe in gewachsenen Kiezen durch auf den Tourismus ausgerichtete gewerbliche Monostrukturen sowie Verlust von Wohnraum durch Anbieter wie Airbnb.“

Oje: Rollkofferlärm! Der Tourist muss seinen Koffer tragen, weil Berlins Pflaster nicht schallgedämpft sind. Oder er übernachtet in Bahnhofsnähe. Ab nach Wannsee und Zehlendorf mit dem Reisevölkchen. Die Partei hat angeblich bereits „gemeinsam mit den Bezirken, mit betroffenen Anwohner:innen sowie mit der Tourismuswirtschaft das Tourismuskonzept 2018+ entwickelt, fortgeschrieben und weiterentwickelt“.

Im Gegensatz zum Privattourismus will man den beruflichen Besuch von Berlin fördern und wiederbeleben.

Wem das zu links ist, der kann das auch in Grün haben, denn hier wird mehr auf den Privattourismus gesetzt: Grün reguliert und lenkt den Touristen ins touristische Abseits: Clublandschaften, die Museen und Galerien, die Flaniermeilen und Flohmärkte sowie das gastronomische und kulturelle Angebot dürfen bleiben, *„doch ein ‚Weiter so' wie bisher kann es in Berlin nicht geben. Ökologische Hotels müssen stärker unterstützt werden. Tourismus bemessen wir nicht anhand von immer höheren Besucherrekorden, sondern bedeutet für uns auch eine aktive Stadtentwicklungspolitik, die lenkt und gestaltet."*
Heißt das, der Besucher soll in Berlin wohnen bleiben? Gut, immerhin keine Abschiebungen von Touristen. Aber lässt sich jeder Tourist in das zwangserrichtete Umwelt-Hotel in Berlin-Lichtenrade abwerben? Mit diesem Gedanken könnte es Ingolstadt gelingen, durch hippe Neubau-büros Start-ups von München und Berlin in die oberbayerische Provinz zu holen. Jedenfalls muss man künftig wohl nachweisen, sich vier Stunden in Randbezirken aufgehalten zu haben, um eine Stunde ins Stadtzentrum zu dürfen.

SPD mit Verständnisproblemen
Wir nähern uns endlich der Mitte: zunächst die Mitte links, die Sozial-demokratische Partei Deutschlands (SPD). Sie hat einen Widerspruch entdeckt zwischen Tourismusförderung und Erhalt der Weltoffenheit. Denn *„aufgrund der Corona-Pandemie konnten nur wenige Menschen aus anderen Ländern und Kontinenten unsere Stadt besuchen"*; sie, die „Sozis", wollen Berlin wieder zum Magneten für Menschen aus ganz Deutschland, aus Europa und der Welt machen. Corona und Tourismus? Wird besser nicht erläutert, denn dem steht das eigene Gesundheitsprogramm im Wege. Die Partei führt etwas unlogisch und

in schlechtem Deutsch aus, eine breite Werbekampagne für Berlin starten zu wollen. Logischerweise müsse sich die „Akzeptanzkampagne" gezielt an die Einheimischen (Berliner) richten und könne die Nicht-Berliner Gäste kaum berühren. Vielleicht meint die gute alte Tante SPD aber auch, sie wolle Berlin für die Welt akzeptabel machen, womit wir eher bei der allgemeinen Politik wären, die nach dem Austritt Englands aus der EU, nach der Distanzierung von den USA und nach dem Schlingern der deutsch-französischen Achse inzwischen vonnöten sein könnte. Aber man tut den Sozis unrecht. Ganz konkret planen sie, den Flughafen Willy Brandt (BER) weiter (zu) ertüchtigen und für (s)eine noch bessere Anbindung an die Stadt durch den Ausbau der U 7 (zu) arbeiten. Das internationale Langstreckenangebot vom und zum BER wollen die Sozis erweitern, auch um zusätzliche innerdeutsche Kurzstreckenflüge – etwa von Messe- oder Veranstaltungsbesuchern und internationalen Touristen – zu minimieren. Das versteht man nun, pragmatisch gesehen, gar nicht. Was hat die Erweiterung des Langstreckenangebots mit der Minimierung innerdeutscher Kurzstreckenflüge zu tun? Das ist politische Lyrik. Man könnte diese in dem Sinn verstehen, dass man von Hannover aus erst nach New York fliegen soll und von dort als Ferntourist in der Bundeshauptstadt landen darf? Der Rest ist Werbung, Werbung, Werbung, auch für eine dezentrale Kulturszene, was immer das heißen mag. Aber hier wird die ganz alte Kundschaft von Tante SPD angesprochen, die man natürlich nicht vergessen hat.

Liberale Freiheit mit Polizeikontrolle und regulierten Kritzelwänden

Die liberalen Herrschaften namens FDP identifizieren Freiheit mit Berlin (das war vor 30 Jahren aktuell). Wie „Karlsruhe" den Begriff von „Recht" lokalisiert, soll Berlin Locus Libertatis werden. Man will dazu erlebnisbasierte Bereiche schaffen und gleichzeitig Polizei und Ordnungshüter darüber wachen lassen! Also Freiheit mit Polizeipräsenz? Natürlich nicht zur Überwachung der Freiheit, sondern ausschließlich zu deren Schutz. Außerdem sollen Gedenktafeln über QR-Codes übersetzt angeboten werden. Offenbar hat die FDP digitale Ideen verpasst, denn Übersetzungen sind bereits online erhältlich und Touristen bewegen sich mit mobilen Endgeräten, die das existierende Netz unserer Mobilfunkbetreiber nutzen. Oder anders ausgedrückt: Hätten sie geschwiegen, wären sie Wirtschaftsweise geblieben. Problem wird hier werden, dass alle Menschen die Informationen auch in einer Art „Home-Tourismus" abrufen können. Der Rest des freiheitlichen Tourismusprogramms ist dann eher Kunst und Kultur.

CDU ohne Orientierung

Endlich kommen wir nun zu den Leuten, denen wir seit 16 Jahren den gegenwärtigen Ist-Zustand der Gesamtlage verdanken. Es geht bei der CDU in erster Linie um „Bundeswahlen", so dass das Geplänkel auf Landesebene eine untergeordnete Rolle spielt, auch wenn die Rot-Rot-Grünen mit ihren Radwegen und Fußgängerzonen Fakten schaffen. Was also plant die Christlich Demokratische Union (CDU) von ganz weit oben her? Es ist: die Verbesserung des touristischen Busverkehrs! Sehr gut. Damit kommt sie den Flug- und U-Bahn-Ideen der langjährigen Partner nicht in die Quere. „Quer-Denken" wäre nämlich verpönt. Es soll ein neues Reisebuskonzept geschaffen werden (leider und wahrscheinlich erst für 2050). Es heißt: *„Wir wollen einen weiteren ZOB-Standort (Zentraler Omnibusbahnhof) in den östlichen Bezirken realisieren und nehmen dafür den Standort am Ostkreuz in den Blick."*
Das Ostkreuz markiert doch nur das östliche Ende von Berlin-Mitte, erst dahinter beginnen die Weiten des Berliner Ostens! Da haben die West-Berliner offenbar den Osten noch immer nicht verstanden und schon gar nicht den zentral denkenden Berlin-Besucher. Ein solcher ZOB dürfte nicht näher an die City heranrücken als vielleicht

zur ehemaligen Stasi-Zentrale. Interessant werden die Ideen auch für die Getränkebranche, die Spätis, Lehmanns, Hoffmanns und Pennys: „500 neue Trinkbrunnen", möglichst gerecht über die Berliner Bezirke verteilt, will die CDU aufstellen. Berlin soll also eine Art Mekka für Zwangsgeräumte werden. Aber nur an Gänsewein wird gedacht. Einfach gerechnet käme fast jeder Bezirk auf 50 Trinkbrunnen. Das heißt, wenn man es richtig versteht, dass die CDU eher an Sommertourismus denkt: ein Affront gegen „Malle". Im Winter könnten diese Brunnen glattweg einfrieren.

Rettet uns die AfD? Aktiv jedenfalls nicht. Bei der AfD kommt das Wort Tourismus im ganzen Programm nicht vor. Man muss also weiter in die Vergangenheit zurückreisen. Denkmäler der angeblichen Schande sollen ohnehin nicht besucht werden. So also ist es: Viel Lärm um nichts. Niemand denkt an den Plänterwald oder an die Uferpromenaden der Spree. Tagesfahrten zum Schiffshebewerk Niederfinow sind auch kein Ding, obwohl dies staatlich begünstigt werden müsste. Die Politik weiß nichts vom wirklichen Leben, sondern lebt saturiert in ihrer Großstadtblase. Das wird diese Wahl vielleicht deutlicher belegen, als man es belegt haben möchte.

Alphabet des Versagens der politischen Führung
Wer hat sich einmal angesehen, wie viele unserer amtierenden Minister und Senatoren in ihrem Führungsberuf durch eine Ausbildung qualifiziert sind? Jeder Handwerksmeister muss einen Kurs zur Betriebsführung absolvieren, bei der Bundeswehr gibt es Feldwebellehrgänge, die „Police-Academie" bringt ihren Chefs etwas bei. Wie viele unserer politischen Führungsmenschen, die die unter ihnen arbeitenden Bürokraten anleiten sollen, haben sich zuvor Kompetenzen durch Berufserfahrung aneignen können? Es sind kaum 20 Prozent!

Das ist exakt das zweite Dilemma unserer Politik. Qualität und Kompetenz sind so spärlich vertreten, dass weder die Umsetzungsproblematik noch das inhaltliche Verständnis von Versprechen mit der Realität zusammenpassen. Was will man also von unseren Politiker*innen in Sachen Afghanistan, Bildung, Corona, Digitalisierung, Energiewende usw. erwarten? Es ist eigentlich wie bei Google: Man findet auf der ersten Seite eine Informationsflut, ist davon bereits überwältigt und begnügt sich dann mit der Mittelmäßigkeit. Warum sollte also der Staat, der von minderqualifiziertem Personal geführt wird, Menschen, die selbst arbeiten müssen, erklären können, wie das Leben außerhalb der Ämter und Behörden funktioniert?

Bei bis zu 250.000 Menschen in Berlin, die von Hotellerie, Gastronomie und Veranstaltungen leben, hätte Berlin eigentlich einen Senatoren*innen-Posten allein für den Tourismus verdient. Die Wahlprogramme der Parteien richten sich mit ihren diffusen Begriffen nicht an die 250.00 Hoteliers, Gastronomen, Museumsbetreiber, Spree-Reeder und all deren Mitarbeiter, sondern an den Wähler, dem der Tourismus sogar lästig erscheint. „Stadt der Freiheit" soll für alle das Markenzeichen sein. Heißt es auch „Freiheit vom Tourismus"? Eines dürfte inzwischen jedoch klar geworden sein: Das Tourismuskonzept 2018+ hat sich angesichts der Pandemie als lächerliche Konzeption offenbart. Besucher lassen sich am Abreiseort nicht sortieren, Hotels in Außenbezirken führen nicht zu neuen Besucherströmen und die Parole „weg vom Zentrum" interessiert den Besucher, der das Schloss (Humboldt Forum) im Zentrum sehen will, nicht. Die Auswertung schlafender Touristen als Rechtfertigung der Unzufriedenheit der sich bewegenden Touristen zu nutzen, ist schon nach Regeln statistischer Auswertung ein Unding. Der Glaube, dass Touristen verantwortlich für die Verschmutzung von Parks seien, ist albern.

Wirklichkeit und Natur als Feinde

Die Politik hatte schon immer große Schwierigkeiten mit ihren Feindbildern: Es sind die Realität und die Naturgesetze. Man erinnere sich an den Wahnsinn der Baupreissteigerung der letzten zehn Jahre und die damit verbundenen Mietsteigerungen. Woher kommen solche Ergebnisse? Wenn man ständig regulierend und fordernd eingreift, wenn man die Anforderungen an das Bauen steigert (dickere Styroporfassade, Zwangsentlüftungen durch Fenster, Dreifachverglasungen, digitaler Funk etc.) und außerdem noch langsame Behördenabläufe hinnimmt, dann steigen die Baukosten. Irgendjemand muss dafür bezahlen: das ist der sozial meist schwächere Mieter. Dass Bund und Land – gehupft wie gesprungen – unfähig sind, auf eigenem Boden sozialverträglich und als Bauherren zu bauen: kein Wunder. Noch nicht einmal sichere Fahrradspuren wurden in den letzten fünf Jahren geschaffen. Corona hat auch im Tourismus gezeigt, dass es wohl besser sein könnte, den Touristen natürlicherweise in unsere Stadt zu lassen, als Geld zur Finanzierung des Stillstands zu drucken, das unsere Kinder zurückzahlen müssen.

Klein-Klein statt Konzept

Vielleicht lässt sich der Tourist von der „ersten Klimastraße Berlins", wie die dortige Bezirksbürgermeisterin seinerzeit die von der Sonne abgeschnittene und 50 Meter kurze Danneckerstraße in Friedrichshain genannt hat, anziehen. Das Bereitstellen von Graffiti-Flächen für Street-Art-Künstler ist ebenso bescheiden gedacht wie diese sogenannte Klimastraße. Welcher Besucher soll das denn feiern? Wann waren die Herrschaften zuletzt in Städten wie Taipeh, Singapur, London oder neuerdings in Kiew? Da geht es um ganze Stadtviertel, nicht um Hausflächen. Die Staatskunst, wie wir sie aktuell in dieser Stadt sehen, auf höheres Niveau zu heben, wäre ein guter Ansatz, die Stadt der Freiheit wiederzubeleben.

Freiheit für die wirklichen Gestalter dieser Stadt

Lasst Menschen aus allen Ländern Ideen austauschen und diese Ideen unbürokratisch umsetzen. Berlin braucht keine Politiker, die meinen, Menschen vorgeben zu müssen, was richtig oder falsch ist, als hätten sie noch weniger Bildung als die Politiker. Die Menschen sind nicht vollends verblödet oder debil. Die meisten Macher haben gelernt oder durch Erfahrung lernen müssen, das einzuschätzen, was sie gerade tun. Politiker beherrschen das in aller Regel nicht. Wen wählt also der Hotelier, der Betreiber einer Sehenswürdigkeit oder der Gastronom am besten in Zeiten der Mittelmäßigkeit? Warum kommt ein Tourist nach Berlin? Weil er dort findet, was er in seiner Kleinstadt, im ordentlichen Zürich oder im teuren London nicht findet. Vielleicht versteht das irgendwann auch der Politiker. Bei den bisherigen Programmen weiß der Tourist nicht, welche Gaudi in Berlin auf ihn wartet. Es ist nämlich keine.

1. November 2021

Im Mai 2022 sollte sich bewahrheiten, was ich hier geschrieben habe: Die Hälfte der Wahlen war ungültig. Es zeigt deutlich den Klassenunterschied zwischen Politik und Bürger. Die politische Klasse hat sich weit von der Realität entfernt. Inzwischen hatte ich elf meiner Unternehmen verkauft. Es macht heute nur noch Sinn, Unternehmen zu gründen oder zu führen, die in geübter Branche oder mit besonderem Impact sind. Deshalb hatte ich im August und September 2021 zahlreiche Unternehmen verkauft und mehrere Geschäftspartnerschaften beendet. Dies wird kein Einzelbeispiel bleiben. Jeder fragt sich, was Arbeit noch bringt, und Unternehmer fragen sich, warum man noch gründen sollte.

Die neuen 20er-Jahre in Berlin

Wenn das Kind den Unterschied zwischen Staat und Gesellschaft verkennt

Wer schon einmal das Deutsche Auswandererhaus in Bremerhaven besucht hat, wird sich an eine gut geführte und spannende Ausstellung erinnern. Besucher bekommen dort am Eingang jeweils eine Figur zugeteilt, die tatsächlich gelebt und Deutschland verlassen hat. Die Geschichte zum Ende des 19. Jahrhunderts wird mit Menschen zum Leben erweckt, die aus wirtschaftlichen Gründen den Neuanfang in Nord-/Südamerika oder Australien unternommen haben oder in den 1930er-Jahren einfach politisch verfolgt wurden. Die Überfahrten waren anfänglich einige Monate lang, unbequem und kosteten viele Menschen das Leben. Dennoch fanden die Auswanderer bzw. Einwanderer bei ihrer Ankunft erstaunlich gut organisierte Empfangsabläufe vor – obwohl die Zahl der Einwanderer im Verhältnis zur Bestandsbevölkerung sehr hoch war. In den USA beispielsweise nahm die Gesamtbevölkerung zwischen 1870 und 1920 um den Faktor 2,5 zu. Eine organisatorische Meisterleistung würde man das heute nennen – ohne Digitalisierungs-möglichkeiten und als Willkommenskultur.

Schaut man sich die touristischen Hotspots an, liegt Miami mit einer Dichte (Anzahl Besucher im Verhältnis zur Einwohnerzahl) von 16,41 im globalen Vergleich vorne (Stand: 2019). Zahlreiche Städte sind weit vor Berlin, so zum Beispiel auch Dublin, München oder Dubai. Alle Flughäfen und Empfangseinrichtungen zeigen jeweilige Willkommens-kulturen. Im Vergleich zu Miami hat Berlin weniger als 10 % der Besu-cherdichte.

Wir Berliner haben uns fest vorgenommen, wichtige Menschen für die Zukunft der Stadt als unsere Gäste zum Essen einzuladen. Von diesen

Menschen hängt die Weiterentwicklung der Stadt ab. Es sind Personen aus Politik, Wirtschaft, Kultur und Sport. Sie sollen am über Jahrzehnte gebauten Multimilliarden-Flughafen BER ankommen und wieder abreisen. Es ist aber wie in jedem gastfreundlichen Lokal, jeder Sehenswürdigkeit oder bei jeder Dienstleistung: Empfang und Verabschiedung sind die wirklich wichtigen Momente, um zu beurteilen, ob etwas funktioniert oder nicht. Wer die Zeitungen des Monats Oktober gelesen hat, stellt fest, dass die katastrophalen organisatorischen (staatlichen) Abläufe im Flughafen als Siegel der Stadt herhalten müssen: Lange Schlangen und verpasste Flüge sind Standard am BER, man sollte zwischendurch fünf Stunden vor Abflug erscheinen. Da fliegt man besser gleich von Leipzig aus. So kommt es auch, dass man als Straßenbahnnutzer neuerdings langsamer durch Berlin fährt als mit dem Bus. Es ist hinsichtlich der Planung und Durchführung wie ein Spiel von Kindern, die auf dem Brett und in Theorie lernen sollen, was geht und was nicht. Kinder haben naturgemäß zwar keinerlei Qualifikation oder Erfahrung, aber was solls, immerhin wird es ein lustiges Spiel für Außenstehende. Folgen jetzt wieder ganze vier bis fünf Jahre lang dieser Belustigung?

Jüngst hatte eine junge Abgeordnete, aus deren Listen-Mitte immerhin die neuen Senator*innen entspringen, öffentlich das gesagt, was wohl viele Menschen – und leider gerade die Jungen – denken: sie wolle gar keine berufliche Erfahrung, sondern freue sich, Berufspolitikerin zu sein. Die Kinder also sollen uns Unternehmenden sagen, wie ein Unternehmen funktioniert, und unsere Gesellschaft formen? Dauerhafte Schlechtleistung bleibt dann wohl gesichert. Die Wahlen zum neuen Abgeordnetenhaus sind vorüber – natürlich wie man es in Berlin kennt: Hunderte Wahlbüros hatten nicht genügend oder die falschen Stimmzettel. Es ist nicht einfach, im Einwohnermelderegister nachzusehen, wie viele Wahlberechtigte im jeweiligen Bezirk bzw. Distrikt gemeldet sind und dann die entsprechende Stimmzettelanzahl bereitzuhalten.

Der gleichzeitig stattfindende Termin zum Berlin-Marathon war wohl auch überraschend. Wirklich aufgeregt hat sich dennoch niemand. Es ist für Berlin normal, dass nichts funktioniert. Behördentermine dauern hier Wochen, ob für das Automobil oder für sich selbst. Der Staatsdilettantismus auf Dritte-Welt-Niveau ist hier tägliche Übung. Aber wen wundert es: Seit Jahrzehnten schafft es die Politik nicht, die grundorganisatorischen Themen eines Miteinanderlebens und die hoheitlichen Kernaufgaben eines steuergeldfressenden Staates in Berlin zu bewältigen. Vielleicht ist es aber auch nur eine politische Strategie, möglichst weltweit dauerhaft belustigenden Content abzuspielen, damit Berlin immer im entsetzten Auge der Online Community im Gespräch bleibt und Schaulustige anzieht.

Die Außeneinwirkungen, die diese Stadt im kommenden Jahrzehnt zu bewältigen hat, sind allerdings von ganz neuer Qualität: der Zuzug von Menschen, die Explosion der Energiepreise, Mobilität, Wettbewerb zu anderen Städten etc. Und jetzt muss man sich doch einmal fragen, wie Gesellschaft und Staat hierauf reagieren:

Der Staat reagiert mit immer hanebücheneren Ausführungsvorschriften und immer langsamerer Verwaltung sowie einer rechtlichen Kontrolle durch Gerichte, die aufgrund langer Prozessdauer keinerlei inhaltliche Bedeutung mehr hat. Wer fünf Jahre auf ein Urteil wartet, gewöhnt sich an das Fehlen einer kontrollierenden Justiz. Das reale Leben geht schließlich weiter. Das eigentlich Irre ist nun aber nicht, dass politische „Entscheider" selbst nicht qualifiziert oder kompetent sind und auch nicht, dass der politische Nachwuchs sich lieber in den Seilschaftssumpf der Fiktion statt in das real wirkende Leben stürzt, sondern dass der Staat selbst private GmbHs gründet, um seine Unternehmenden schleichend auszurotten. Der Grund dafür, dass Exekutive und Legislative überhaupt irgendwas gestalten dürfen, ist der, dass es Private gibt, die erfolgreich Ideen bearbeiten und von ihrem Erfolg etwas abgeben, um Verwaltung und Parlamente finanzieren. Warum also nur ist man mit den Privaten so streng? Oder mehr noch: Warum werden sie bekämpft?

VisitBerlin mit seinen hunderten Mitarbeiter*innen beispielsweise soll für Berlin als Marketing-Gesellschaft der Stadt aktiv sein und für Berlin werben. Besucher sollen herkommen, ihr Geld hierlassen, Berlin beleben und manche vielleicht davon überzeugen, zu bleiben. Wir haben uns in der Vergangenheit darüber echauffiert, als die Marketing-Idee durch das Tourismuskonzept 2018+ hin zum pädagogischen Arm der o.a. Kinder umgeschrieben wurde, um in der Stadt der Freiheit die Besucher*innen schon am Abreiseort zu qualifizieren und deren Wege hier in Berlin zu bestimmen. Inzwischen verkauft visitBerlin an den Hotspots Berlins im Wettbewerb zu den vielen Herstellern und Händlern selbst immer mehr Souvenirs – beispielsweise als Wettbewerber im Humboldt Forum. Marketing zu betreiben ist sinnvoll, weil jeder einzelne Lobbyverband der Tourismus-, Hotel- und Gastronomie-Unternehmen zu schwach ist, um die Arbeit des internationalen Marketings in ihrer Gänze zu erledigen. Die Besucher lassen hier Geld, die Unternehmen beschäftigen Menschen und entrichten Steuern, um u.a. dieses Marketing zu finanzieren. Das ist der richtige Kreislauf. Diesen Kreislauf zerstört man nun, wenn die Türsteher staatlich unfrei sind und nun selbst Teile der Einnahmequellen übernehmen. Dieses Staatskorsett vernichtet nicht nur die Freiheit, sondern formt unsere Gesellschaft um – nicht zum Guten.

Die besagten Kinder gehen aber in anderen Bereichen noch viel weiter. Man erinnere sich an die Stelen an den Hotspots, die nur für Einrichtungen „nicht-kommerzieller" Art werben sollen – also für den Staat und staatlich Subventionierte. Man treibt also die Touristen weg von den

Steuerzahlern hin zu den Steuermittelverbrauchern. Ist das logisch? Die Kulturraum Berlin GmbH ist ein weiteres Beispiel dieses Irrsinns. Diese weitere Staats-GmbH soll Kulturräume für Musiker, Maler und andere Künstler schaffen. So weit, so gut. Wir brauchen unbedingt Kreative in dieser Stadt, und diese benötigen auch Schaffensorte, die nicht durch hohe Mieten vernichtet werden. Was macht also diese Staats-GmbH? Sie mietet für einen kurzfristigen Zeitraum von zehn Jahren fremdes Eigentum zu Ausgaben in Millionenhöhe an, statt in einer der vielen leerstehenden Landes-Immobilien Raum zu schaffen. Anschließend vermietet sie diese Räume wiederum unter; zeitlich befristet an professionelle Musiker für weniger als 1 €/qm kalt zu absoluten Kaltmieten ab 15 €/Raum/ Monat. Man kann sagen, sie verschenkt die Räume. Kein(e) Musiker*in braucht einen Raum zum Preis eines Abendessens. Natürlich versteht Berlin auch hier nicht, dass die Millionen Steuermittel dann für andere soziale Projekte oder Infrastruktur fehlen. Die Kinder wissen es nicht besser und denken, dass Papiergeld einfach (armutsfördernd) gedruckt werden kann. Schlimmer noch: Sie verschenken diese Räume genau gegenüber von zwei privaten Häusern, die seit Jahrzehnten zur vollsten Zufriedenheit mit niedrigen Mieten die gesellschaftliche Aufgabe der Platzsicherung für Kreative vollzogen haben. Diese müssen aber im Wettbewerb zur Staats-GmbH die Umnutzung überlegen, weil sie nichts für weniger als 1 € finanzieren können – also auch nicht die eigenen Mitarbeiter*innen. Als privates Unternehmen ist man außerdem gesetzlich zur Gewinnerzielung verpflichtet. Neu geplante Musikerhäuser werden auch nicht mehr umgesetzt im Wettbewerb mit dem Staat.

Wir haben uns daran gewöhnt, dass Berliner Politiker selbst dann Mathematik nicht können, wenn sie vorbereitet vor die Presse treten und meinen, dass 5.000 Euro Corona-Soforthilfe bei gut 170.000 steuerzahlenden Unternehmen in Berlin 100 Millionen Euro ergeben.

Schlimm ist es, dass seit Jahrzehnten Vorschriften von der Legislative geschaffen werden, die das Unternehmertum ständig einschränken. Unerträglich ist inzwischen, dass die Judikative quasi wirkungslos geworden ist. Wenn es jetzt aber so weit geht, dass geistige Kinder Staats-GmbHs gründen und Wettbewerb zu privaten Initiativen schaffen, die wiederum Steuern zahlen und von Personen geführt und gestaltet werden, die die Tätigkeit gelernt haben und/ oder sie auch durch Berufserfahrung einfach können, dann steht uns zusammen mit den Außeneinwirkungen auf Berlin eine Zeit bevor, vor der jeder Angst haben muss. Insbesondere junge Menschen werden vom Zugang zu Finanzierung ohne Ideologie abgeschnitten und müssen sich hoheitlichen Strukturen unterordnen und warten, bis sie aufgrund von Zugehörigkeit alt genug sind, selbst Verantwortung übernehmen zu dürfen.

Chancengleichheit in unserer Stadt beginnt aber mit der Ermöglichung für alle (gleich welcher Herkunft, Anschauung, welchen Geschlechts und finanziellen Backgrounds), unternehmerisch tätig zu werden und unsere Gesellschaft zu formen und den Staat mitzufinanzieren. Wenn der Staat jetzt selbst und ohne Not Unternehmer spielt, dann ist es vorbei mit Chancengleichheit. Das erstickt jede neue Idee und lässt jede Geldquelle unternehmerischen Elans versiegen.

1. Dezember 2021

Bei diesem Text wurde ich gebeten, dem neuen Senat Zeit zu geben. 100 Tage habe die Politik, um sich zu beweisen. Zwei weitere Texte wurden nicht zugelassen. Sie finden sich deshalb in diesem Buch. Der Text über Kriegsführung sollte keine böse Vorahnung zum Krieg zwischen Russland und der Ukraine werden.

Die Schlüsselübergabe an den Staat

In jedem Jahr sind November bis März die Monate niedriger Besucher-
zahlen in touristisch attraktiven und gut erreichbaren Städten. Die
Besuche von Menschen fallen um bis zu 80 % ab, auch die Besuche
von Attraktionen, Restaurants oder Sehenswürdigkeiten. Berlin hat im
Gegensatz zu anderen Städten in den letzten 15 Jahren zusätzliche
Aktionsfelder erschlossen: erstklassige Sportvereine, große Neubauten
für Kunst und Kultur, die Professionalisierung der Gastronomie und der
Unternehmen und eine zunehmend internationale, junge Bevölkerung
sind ein weiteres „Plus".

Der Status in Berlin

Der Berliner ist folglich verwöhnt. Das hat auch Tradition: In den
1920er-Jahren herrschte hier die Freiheit einer aufstrebenden Industrie-
stadt mit vier Millionen Einwohnern. Trotz einiger sozialer Probleme
vibrierte die Stadt vor Vitalität. Nach dem Ende des Zweiten Weltkrieges
entstand ein subventioniertes Berlin auf seinem „Bein West" und dem
„Bein Ost". Man musste sich nicht sehr weit vom Sofa erheben, um
Kunst, Kultur oder Sport zu erleben. Deshalb kam mit der hohen
Arbeitslosigkeit in den 1990er-Jahren eine gewisse Gleichgültigkeit auf.
Fußball, mehrere Opernhäuser bis hin zu hunderten Clubs sorgten für
innerstädtischen Spontan-Tourismus. Handball, Volleyball, Eishockey
und natürlich Basketball boten in 2.000 Sportvereinen (heute 2.500) so
viele Möglichkeiten des Vergnügens, dass echte Zweitklassigkeit für
den Berliner gar nicht in Frage kam, war man nicht eingefleischter Fan.
Inzwischen ist gut die Hälfte der Berliner Bevölkerung durch den demo-
grafischen Wandel ausgetauscht. Was haben wir also heute?
147 Museen und 391 Ausstellungen boten sich 2019 feil. Gute 14.000
gute Menschen lebten hier gut von Musik, organisiert von fast 250
Clubs und 10 Orchestern und zwei Konzerthäusern sowie 1.450 Musik-

unternehmen. Bei rund 10.000 Restaurants hat man eine opulente Auswahl. Viele rein vegane Restaurants, vorwiegend in Prenzlauer Berg und in Friedrichshain, haben inzwischen Konjunktur. Noch nie waren so viele junge Studierende (200.000) in Berlin gemeldet. Sie drücken das Durchschnittsalter in dieser Stadt auf 42 Jahre herab.

Konstanter Gründerverfall

Und wie ist es heute? Wer lebt noch in Berlin mit der Idee, etwas Positives hinzuzufügen? Schauen wir uns die Gründerzahlen an: Sie haben sich in Deutschland in den vergangenen 15 Jahren fast halbiert. Die Quote liegt bei nur 1 %, die meisten Gründer sind männlich. Die meisten Gewerbeanmeldungen fallen auf den Bezirk Mitte (gut 15 %). Auch in Berlin ist die Anzahl der Neugründungen auf dem niedrigsten Stand seit 2010 – trotz der Anziehungskraft von Berlin auf viele Start-ups. Dabei ist Berlin wohl die einzige Hauptstadt Europas, wo sich das Hauptstadt-Privileg negativ auf das BIP-pro-Kopf auswirkt.

Wie kann das sein? Warum also gründen immer weniger Menschen in Deutschland als Motoren der gesellschaftlichen Entwicklung ein Unternehmen? Weshalb besuchen immer weniger Berliner die Sehenswürdigkeiten Berlins, obwohl immer mehr Menschen in Berlin leben?

Politiker im Abseits

Schauen wir uns zuallererst die Politiker an, die unseren Stadtstaat lenken sollen: Es reicht zur Qualifizierung als Politiker in Berlin aus, Politologie oder Philosophie studiert zu haben und trotz fehlender fachlicher Berufserfahrung, dennoch als Senatsmitglied eine fast vier Millionen Einwohner zählende Stadt zu lenken. Das ist so, als würde man sich als Gastronom bezeichnen, weil man ab und an in einem Restaurant zu speisen pflegt. Der Start der ampeligen Bundeskoalition vor wenigen Tagen lässt zwar bereits an den Personalentscheidungen der Parteien zweifeln, aber auch unsere Parteien haben immer recht, wenn sie einen fachgebietlich qualifizierten Biologen für einen Soziologen als Bundesagrarminister zurücksetzen. Auch viele Senatoren sind nicht erste Wahl hinsichtlich Qualifikation. Gemeinsam mit dem Wähler erwerben sie sowohl Berufs-, als auch Erfahrungen in ihrem Verantwortungsbereich. Farbe geht vor Inhalt. Mit nur jeweils fünf Jahren Lern- und Übungszeit wird es deshalb schwer, in dieser Stadt im Rahmen der Naturgesetze und Realitäten etwas zu schaffen. Leichter ist es, etwas zu verhindern. Also: wie „gestaltet" die Politik den Lauf der nächsten fünf Jahre? Wie motiviert man zu Aktivitäten? In Berlin hat man nur einen Verbotskatalog. Frei nach der aktuellen Parole: „Verbote führen zu Innovation". Logischerweise nur zu Innovationen auf Umwegen.

Verbotsmanagement

Das ist allerdings etwas ganz Neues. Die pädagogische Berliner Verbotspolitik denkt sich zunächst allerlei Ablenkungspreise aus, um zu dissimulieren, dass Unternehmen im Rahmen der Politik-Vorstellungen einer ideellen, realitätsfernen Politik unterworfen werden sollen. Dazu werden Ehrenpreise, Bezirkstaler, Bürgermedaillen, Preise für Demokratie und Zivilcourage, Frauenpreise, Demokratieverdienstkreuze, Inklusionspreise, Integrationspreise, Unternehmerpreise, Kulturpreise usw. gestiftet. Zusätzlich werden in Krisen wie der aktuellen beispielsweise Clubs durch Geld(druck)zahlungen ruhiggestellt. Und dennoch: Auf dem Parkplatz vor dem Schloss Charlottenburg ist wegen des Berliner Alkoholverbots auf Grünflächen kein Weihnachtsmarkt aufgebaut worden. Weil die Fahrrad-Infrastruktur der Stadt nicht gefährdet werden darf, ist grundsätzlich auch jede Veranstaltung auf dem Nollendorfplatz vor dem Metropol-Theater verboten worden: Dort befinden sich empfindliche E-Bike-Ladestationen. Aber wie können nun diese Verbote umgangen werden und zu Kreativität führen? Die Verbote sind so zahlreich und lassen trotzdem weder einen inneren Zusammenhang noch einen Gesamtkontext des Verbotswesens erkennen. Die Summe aller Verbote erlaubt nicht einmal Rückschlüsse auf künftige Verbotspläne des Landes. Man kann ihnen nicht einmal gehorsam vorauseilen als Unternehmer. Man entdeckt zu den Verboten zunehmend viele kollaterale oder „Neben"-Wirkungen, die seitens der Verbietenden gar nicht beabsichtigt gewesen sein müssen: Tätigkeitsverbote für ganze Branchenzweige, Verbote der Beschäftigung von Ungeimpften, Zugangsverbote trotz nachgewiesener (getesteter) Gesundheit, und – was man nicht zu glauben wagt – stundenlange Wartezeiten bei den Kindernotaufnahmen der staatlichen Krankenhäuser (nicht Covid-19-bedingt) sowie die Erstürmung von ausnahmsweise erlaubten Veranstaltungen, die das Zeitlimit um mehr als eine Minute überschreiten.

Berliner Angebot

Obwohl das Berliner Angebot nach wie vor hoch ist, erfreuen sich gut 65 % der Einrichtungen an weniger als 100 Gästen am Tag. Nur 40 % der Club-Besucher gehen öfter als einmal im Monat in einen Club. Wer an einem Montag morgen durch Friedrichshain joggt (und zwar angefangen mit dem RAW-Gelände, das gut 500 Meter lang ist, über das Berghain zum Ostbahnhof an der East Side Gallery über die Oberbaumbrücke am Wrangelkiez vorbei und am Treptower Park zurück über die Elsenbrücke an den Clubs des Osthafens vorbei), sieht dort immer noch Leben und Bewegung. Meist sprechen die Schwärmer spanisch, englisch oder französisch – kein Wunder. Fast eine halbe Million Bewohner Berlins sind Europäer anderer Länder. Wenn uns unsere internationalen Stadtbewohner noch am Leben halten, wie aktivieren wir nun die „Alt-Berliner" für die Sehenswürdigkeiten der Stadt? Das wäre doch eine Winter-Herausforderung, sofern nicht entgegen dem Versprechen vor der Wahl abermals ein hilfloser Lockdown erzwungen wird. Schließlich hat es die Exekutive im Sommer routinemäßig versäumt, die Bevölkerung vor der Ansteckungsgefahr im Winter zu schützen. Außerdem hat man es in den letzten zwei Jahren unterlassen, die Krankenhaus-Infrastruktur zu verbessern. Hier regiert eine Diplom-Mathematikerin das Gesundheitsressort. Aktuell ist ihre Corona-Politik auf bürgerkriegsnahe Zustände ausgerichtet. Aber was dann?

Spirituelles Flair

Ist Berlin auch in der kalten Jahreszeit eine Reise wert? Ja, wenn man weiß, was man machen kann, dann „ja". Wannsee ist beispielsweise zu kalt für manche, die es heiß mögen. Alles hat inzwischen auch etwas spirituelles Flair der 1920er-Jahre bekommen, wo es in Amerika die Prohibition gab. Illegale Spielhöllen von Al Capone müssen damals trotz staatlicher Verbote ein gutes Geschäft gewesen sein. Und nun Prohibition von coronisierten Treffen: Konspiration macht das Clubleben heißer. Im vorderen Raum nur geimpfte Gangster im Anzug mit Maske und auf Abstand, im hinteren Raum hinter schallsicheren Türen heiße Rhythmen für das lustige Volk. Wirklich, für die Zürcher Jugend ist Berlin eine Reise wert. Zürich gilt nur als halb so lustig wie der Wiener Zentralfriedhof.

Berlin ist wegen des Ernstes seiner „Alt-Bevölkerung" nie eine Hochburg des Karnevals oder des Faschings geworden (sagt man so).

Nur kommt es darauf an, wie man die närrische Zeit definiert. Für den unkundigen Berliner sind Fasching und Karneval Jacke wie Hose. Aber zwischen Fasching und Karneval gibt es Unterschiede: In München (Fasching) findet „normal" jeden Abend ein Ball statt, von „Der Amts-schimmel tanzt" (Behörden- und Beamtenball) bis zu den berühmten Künstlerfesten. Das alles ist heute von Söder verboten. Warum: Katastrophenalarm, denn der Typ ist Franke (Beute-Bayer) und Protes-tant. Es könnten also auch Bayern aus Altbayern Berlin dank fränkischer Verbote entdecken. Maskierung ist Ehrensache, wenigstens Piratenlook mit Augenklappe. Die Cluböffnung orientiert sich an den Ankunftszeiten der Fernzüge. Was Berlin nicht offiziell haben muss, ist das sogenannte Faschingsprinzenpaar. Aber das hat Berlin immer: Bei uns in Berlin ist auf politischer Ebene immer Fasching.

Unterstellt, die Berliner Wahlen vom September 2021 (oder war es 1921?) seien doch gültig, wäre unsere Faschingsprinzessin Franziska I. und unsere Faschingskaiserin, Angela die Aufmerkelige, ein nur für die Faschingszeit geeintes Paar. Was diese in ihren Rollen nicht so alles anordnen: Masken im Freien. Natürlich: Der Karneval von Venedig hat es auch so. Gruppensex? Natürlich nicht. In welchen Haushalten leben heute noch ganze Gruppen zusammen? G3: Wunderbar! Das, was Berlin wirklich fehlt, ist nicht nur ein funktionierender Flughafen, sondern eine Technik, die die Holländer schon haben: dass man nach 20 Uhr zum Beginn der Tagesschau und zur politischen Befehlsausgabe für den morgigen Tag auch die Bürgersteige hochklappen kann.

Staatlich vergütete Freizeit

Der Berliner müsste doch sehr viel Zeit haben. Noch nie war die Anzahl öffentlich Bediensteter in Berlin so hoch (knapp 300.000 Beschäftigte) wie heute. Trotzdem leben 90 % der Berliner in einer zivilen Parallelwelt. Diese Parallelwelterfahrung lässt alle über den Zeitablauf klagen. Wenn man sich als Gründer persönlich mit Wohnsitz anmelden möchte (zwei Monate), ein Transportmittel zulassen will (sieben Wochen), ein gegründetes Unternehmen registrieren und mit Steuernummer versehen lassen will (zehn Wochen), einen Gründerbonus oder ein Fördermittel ausgezahlt bekommen möchte (bis zu einem Jahr) oder gar bauen will (ein Jahr Bearbeitungszeit). Aber was macht der öffentlich Bedienstete nur mit seiner vielen Zeit?

Bis zu 101 Fehl(arbeits-)tage haben beispielsweise Ordnungshüter aus Berlin-Charlottenburg. Für die fast 35.000 Lehrer in Berlin sind durchschnittlich 96 Tage frei (Ferien + Krankheit), wobei sie nur 18,5 Arbeitsstunden pro Woche zu leisten gehabt hätten; bei einem Einstiegsgehalt von über 5.000 €/Monat liegt man schon bei mehr als dem Doppelten eines Polizisten oder Krankenpflegers. Kindergärten haben 23 (!) Sonderschließtage pro Jahr. Dennoch bleiben die Berliner*innen zuhause und die übrigen jungen Berliner gründen immer weniger Unternehmen. Man stelle sich vor, was passiert, wenn niemand mehr ein Restaurant betreiben oder eine Ausstellung eröffnen will. Wer trägt dann künftig zur Finanzierung des Apparates bei, der unsere Gesellschaft lenkt?

Direkte Kompetenzträger

Es braucht also direkte Lenkungen der Unternehmer selbst. Entweder man lässt Unternehmensverbände mitreden, um nah am Boden der Realität Entscheidungen abzuwägen, oder man steuert einfach ideell weiter wie bisher an den Themen vorbei (siehe Tourismuskonzept 2018+). Der Runde Tisch Tourismus, staatlich organisiert, hat nur Stühle für den Schlaf-Verband Dehoga und andere staatliche GmbHs und öffentliche Einrichtungen aufgestellt. Sie schauen den Unternehmern zu. Dazu könnten gut die Hälfte aller Vorschriften schlichtweg gestrichen werden. Verschiedene Polizeibehörden könnten nach erfolgreicher Digitalisierung abgeschafft werden. Ohne Fremdbestimmung durch die unqualifizierte, inkompetente und oft nur imaginäre politische Exekutive wäre die Motivation zur Gründung wirtschaftlicher Unternehmen erleichtert. Natürlich bedarf es eines verlässlichen Entscheidungsdrucks. Dass das Land Berlin nach dem Volksentscheid zur Enteignung von Wohneigentum weitere Jahre abwarten will, hemmt kollateral auch so manche Instand- und Investitionsplanung. Auch sich ständig ändernde Fahrradstraßen-Ideen wie in der

Friedrichstraße führen dazu, dass niemand eine Einzelhandelsfläche gestalten will, wenn er oder sie nicht abschätzen kann, wer die Straße überhaupt und wie nutzen darf. Was für Unternehmer eine Frage der Logik ist, interessiert die Politik und Verwaltung nicht mal am Rande. Auch die rein rechtliche Überprüfung administrativen Handelns oder von zivilrechtlicher Streitigkeit ist bedenklich geworden: jahrelange Prozesse sind hierzulande nicht selten; sehr viele Prozesse dauern schon in der ersten Instanz bereits mehr als 36 Monate. Das Gute an Berlin ist also, dass es sehr viel Potential hat bei so viel gepflegtem und faktischem Dilettantismus.

Konzentration auf Big Points
Will man außerdem so etwas wie Chancengleichheit als seriöse Komponente schaffen, muss die Infrastruktur für Frauen (Kinderbetreuung) und die für Flüchtlinge (kostenfreie Bildung) hergestellt werden. Vielleicht konzentriert sich die Politik besser ein Jahrzehnt lang ausschließlich auf die Big Points der Herausforderungen anstatt auf Preisverleihungen und kleinteilige Minderheitenforderungen. Dazu gehört die Erreichbarkeit jedes Ortes in Berlin und dem Speckgürtel mit öffentlichen Verkehrsmitteln, die Schaffung von Wohnraum auf den Millionen Quadratmetern öffentlichen Baulands, die Energieinfrastruktur für Sonne und Wind und letztlich auch, dass Gerichte innerhalb kurzer Fristen Streitfragen entscheiden müssen und hierzu auch in die Lage versetzt werden. Nicht die Regulierung der privaten Initiativen und Initiatoren darf Schwerpunkt sein, sondern die Entschlackung des Staates und die Konzentration auf behördliche und gesellschaftliche Infrastruktur. Solange ein Staat seine steuerfinanzierten Infrastrukturaufgaben nicht im Griff hat, darf er einer Gesellschaft den Nährboden nicht durch Regulation entziehen.

Holt also Kompetenz in die Entscheider-Ebenen – das Know-how ist da, die Motivation und der Zugang fehlen. Schauen wir deshalb, ob die neuen Koalitionen denjenigen die Wege freiräumen, etwas zu tun, oder ob wieder nur denjenigen Raum gegeben wird, anderen zu sagen, was sie tun sollen. Dann bleibt Berlin nämlich ein dauerhaftes Karnevalstheater ohne zahlendes Publikum.

12. Dezember 2021

Meinungsfreiheit in Deutschland

Mit der Meinungsfreiheit ist es so eine Sache; offiziell kann man jede
Meinung haben, aber ob man sie auch äußern darf, ist nicht gewiss. In
Weißrussland kann man sich denken, dass man dies und jenes nicht
sagen darf, in Arabien werden andere Äußerungen sanktioniert und
wenn der Falsche in der Türkei was hört, kann es auch finster werden.
Das zeigt, dass nicht die Meinung als solche bestraft und verfolgt wird,
sondern deren Äußerung.

Bei uns ist es vielleicht sogar schlimmer: Man darf schon nicht falsch
denken, sonst wird man als gestrig, irrer Verschwörungstheoretiker
oder böser Antisemit geoutet. Man muss gar nichts Unerlaubtes
sagen, sondern sagt etwas Erlaubtes, das dann den Schluss auf
finstere Gedanken ermöglicht. Wer sich fragt, ob die Polizei Kriminelle
beschäftigt, stellt eine erlaubte Frage. Amtlich werden 2.500 Straf-
verfahren gegen Polizisten geführt. Aber wenn man das privat fragt,
dann versteht die Staatsanwaltschaft das so, man wolle einen konkreten Polizisten beleidigen und schon ist ein Antrag auf Strafbefehl
unterschrieben.
Aber gegen die Machthaber darf man sich kritischer äußern als in
Kasachstan. Unsere Machthaber lassen sich das zwar auch nicht
bieten, gehen aber etwas diskreter gegen das lockere Maul vor. Die
sogenannte Pandemie offenbart die Verhältnisse bei uns sehr gut. Um
das rein juristisch zu analysieren, unterstellen wir, dass die amtlichen
Impfbefürworter in der Sache als solcher völlig recht hätten und die
Impfverzögerer völlig im Unrecht seien, also sachlich daneben lägen.
Wir wollen her nicht medizinisch diskutieren. Es geht zum Thema
Corona nicht um die objektive Richtigkeit einer Meinung. Nach dem
Gesetz ist auch die irrige Meinung geschützt. Es geht um die Frage,
ob die Opposition gegen die (richtige) „herrschende Meinung" bei uns

noch erlaubt ist oder nicht. Ja, ist sie. Aber wer kennt den Begriff „herrschende Meinung" noch? Frühere Kommentare zu Gesetzen erwähnten abweichende Mindermeinungen. Aber wen interessieren diese noch heute? „Anderer Meinung: dings blabla." Kommt kaum noch vor. Der Leser will erfahren, was gemeint wird und wonach er seine Arbeit auszurichten hat.

Wie kommt es nun zur offiziellen Meinung und warum „herrscht" sie? Die Verlage, die Lehrbücher und Kommentare herstellen, beauftragen damit nach Möglichkeit die oberste Koryphäe und mehrheitlich anerkannte Autorität. Der Präsident der Obersten Bayerischen Baubehörde schreibt einen Kommentar zur Bayerischen Bauordnung. Ein Bundesrichter Habersack ist der neue Herausgeber des früheren „Palandt". Wer soll denn auch die Verwaltungsgerichtsordnung kommentieren? Der, der sie in der Realität auch autoritär auslegt und der aufmüpfige Kläger und ihre Anwälte mit „anderer" Meinung in die Schranken verweist. Damit wird der Rest der Anwaltschaft gleich verwarnt.

Es gibt also in unserer Demokratie eine gewisse Alternativlosigkeit durch das Zusammenspiel von Autorität, wirtschaftlichen Interessen und Orientierungsbedürfnis der „herrschenden" Mehrheit.

Und so kann man es derzeit im Fernsehen beobachten: 70 % der Deutschen sind anständig und ordentlich, 30 % sind illoyal und verworren (in der Sowjetunion sprach man von psychisch Kranken). Statistisch hat man schon erkannt, dass ein Zusammenhang zwischen denen, die sich nicht impfen lassen, und anderen, die AfD wählen, bestehen muss. Die AfD ist schuld daran, dass 70 % der Deutschen nicht tanzen gehen dürfen. Au weia.
Ein Hochschullehrer für Verwaltungsrecht (Joachim Wieland) plädierte sogar dafür, den Impfverweigerern den Führerschein zu nehmen, also

ganz klassisch autoritäre Methoden zu totalitären Zeiten. Auch den AfD-Wählern könnte man die Fahrerlaubnis nehmen, dann verbreiten sie ihre Meinung nicht mehr so weit. So weit her ist es also nicht mit der Meinungsfreiheit in Germanien, jedenfalls nicht so weit, dass ein paar Baerziegen in China Menschenrechte anmahnen sollten.

Aus der Ferne betrachtet, im Vergleich zu Belarus, Turkey und Arabia, erscheint das preußische Deutschland unglaublich liberal. Man sollte es in Bella-Borussia umtaufen. Es gibt keinen Kronprinzen von Preußen, der die Tötung eines bei Hofe unbeliebten Journalisten anordnen könnte, weil es keinen Hofstaat gibt. Und um die Diktatur streiten sich bei uns noch mehrere Parteien. Aber unsere Gesellschaft ist auch etwas komplizierter gestrickt: Stadt, Land, Fluss statt weiter Wüsten und Tundren. Aber wirklich sicher kann man sich dennoch nicht sein. Die Gestapo wüsste, wo sich ein Handyteilnehmer aufgehalten haben muss, und in Bayern meint der Ministerpräsident, das sei gut so: 13 Millionen Bayern können jetzt überwacht werden, um zwei Mörder schneller zu finden.

Wie gut haben wir es in Berlin. Franziska Giffey, sozialdemokratisch rosa, eine violette und eine grüne Dame bringen den Straßenverkehr zum Erlahmen; der ruhende Verkehr lässt sich viel leichter überwachen. Wer falsch seinen PKW ruhen lässt, soll ab einer gewissen Häufigkeit falschen Ruhens auch seines Führerscheins verlustig gehen. Was nützt es dem Staat, wenn jemand geimpft ist und genau die Meinung der Regierung hat, wenn er immer wieder falsch parkt? Das ist doch auch ein Verfassungsfeind, wenn auch nur ein „schlafender". Diesem Verdacht kann man noch auf sehr einfache Weise entgehen. Man wirft eben ein paar Groschen ein und denkt sich seinen Teil, ohne ihn auszusprechen. Denn wir haben ja das brave Södervölkchen beim Bundesstaat, das 1871 für 25 Millionen beigetreten ist und inzwischen jedes Jahr 3 Milliarden Finanzausgleich an Berlin entrichtet. Solange die zahlen, muss man nicht befürchten, dass Giffey und Co zu schärferen Maßnahmen greifen.

Wir müssen nur darauf achten, dass es bei den richtigen Nullen bleibt, um bella-borussisch leben zu können.

24. Dezember 2021

Wer gehört noch zur Familie

Mit „Corona" lässt sich heute jedes Verbot leicht begründen, weil es den Ängsten der meisten entgegenkommt. Der Bürger ist ängstlich, sonst wäre er kein Bürger: Er braucht eine Burg mit Rittern, die ihn schützen. Am einfachsten setzen „die Ritter" ein Verbot durch, wenn der normale Bürger denkt, „ich mach es ja sowieso nicht und ich hätte es auch nie anders gemacht, aber endlich wird den anderen verboten, was sie nie haben kapieren wollen ..."

Kriegserklärung der Politik

Der französische Präsident hatte 2020 mehrfach die Covid-19-Situation als „Krieg" (c'est la guerre) bezeichnet. Und der Verbotswirrwarr erlaubt auch, an solche kriegerischen Situationen zu denken, auch wenn man hierzulande von Krieg nichts wissen will. Dafür hofft man unbeirrt, dass das Frühjahr endlich den finalen Sieg bringen werde. Manche unserer Großeltern werden sich an derart euphemistische Ausdrucksweise noch erinnern können, aber schon unsere Eltern nicht mehr. Deswegen nimmt die loyale Mehrheit jedes totalitäre Opfer in Kauf: Impfzwang, allgemeine Impfpflicht, Ausgangssperre. Ein neues Gesetz der neuen Bundestagsmehrheit hat den Bundesrat mit alten Mehrheiten passiert. Wieder ist trotz aller Vor-Wahl-Bekundungen der Lockdown zum Damoklesschwert geschmiedet worden, und eine Art Verdunkelung durch nächtliche Ausgangssperre droht. Die „Kriegsführung" à la française macht ihre Kampfhandlungen gegen Covid nunmehr an der jeweiligen Lazarettkapazität fest. Betten frei, freier Ausgang; Betten voll, alles zurück auf Start. Wir landen bei einer neuen Gestalt des Byzantinismus.

Krieg gegen Virus oder gegen die eigene Bevölkerung?

Aber vielleicht würden andere Maßnahmen die Museumsbesucher besser schützen können als Besucher von Parks? Das Kommandowesen von ganz oben überzeugt viele schon lange nicht mehr, weswegen sie die Hygiene-Regeln nicht mehr befolgen. Die BILD-Zeitung fragt sich, was das Impfen eigentlich gebracht habe (13.11.2021). Hier liegt das Problem. Zwischen Verantwortung der obersten Parteiführer und ihrer Papageien, die „für alle" da Sind, auf der einen Seite und andererseits der Verantwortlichkeit jedes Einzelnen „von allen" liegen eigentlich noch mehrere Verantwortungsstufen, die pauschal – und angesichts der Höhe selbstmörderisch – übersprungen werden. Und hier würde uns Carl von Clausewitz helfen: Er ordnet die einzelnen Kriegshandlungen drei Entscheidungsebenen zu: Strategie, Operation und Taktik. Er ist auch der Vater der „Auftragstaktik". Ein Befehlshaber der unteren Ebene erhält vom Chef der nächsthöheren keine konkreten Befehle, sondern einen „Auftrag", den er unter Einsatz seiner eigenen Denkfähigkeit erfüllt. Der Krieg ist also nicht nur „ein Akt der Gewalt, um den Gegner zur Erfüllung unseres Willens zu zwingen." (v. Clausewitz: *Vom Kriege*, Buch I, Kapitel 1, Abschnitt 2), sondern auch ein Zusammenspiel der intellektuellen Kräfte einer Armee. Dieser Vergleich zeigt einige Fehler unserer Corona-Politik auf: sie kennt nur die in Deutschland verpönte Befehlstaktik, sie ignoriert die verschiedenen Entscheidungsebenen und unterstellt dem „Kriegsgegner" eine Art von Bewusstsein. Zwar hat ein Virus kein Bewusstsein, aber seine „nützlichen Idioten" haben ein solches. Und trotzdem: Die Verbreitung des Virus unterliegt epidemiologischen und biologischen Naturprinzipien, die den „nützlichen Idioten" auch nicht bewusst sind. Folglich richten sich die „Kriegsmaßnahmen" gegen das Virus gegen die nützlichen Idioten, die man einschüchtern (Prinzip der Abschreckung), oder zur Aufgabe ihrer Haltung zwingen will.

Wird also der Kriegsbegriff Macrons genutzt, kann sich dieser nur gegen impfdefätistische Gruppen der eigenen Bevölkerung richten: die Impfverweigerer, die Querdenker, etc. und hat damit eher den Charakter eines Bürgerkriegs. Man müsste nun also den Bürgerkrieg als Blaupause annehmen, will man sich der Kriegsmetapher des französischen Präsidenten bedienen. Der Feind ist also nicht das Virus oder der Terrorismus in Virusgestalt, der Feind sind die vermeintlichen Anhänger des Virus. Aber vielleicht sind die Impfmuffel und Selbstdenker gar keine Virusfreunde: Sie halten sich womöglich mehr an die Hygiene-Regeln, wie man sie an der Grundschule gelernt hat, und werden auch nicht krank. Aber das Denken auf höherer Ebene war noch nie eine Stärke der deutschen Politik.

Unklare Berlin-Regeln zum Einlass

Unterstellt, man ließe den Gastronomen freie Hand: Der eine filtert seine Gäste nach G2plus, der andere nach Geschmack und bedient sie an separierten Tischen. Der hungrige Berliner könnte also, bevor er eine Gaststätte betritt, überlegen: Ich esse nur eine Suppe und bin in zehn Minuten wieder draußen. Oder: Ich bin geimpft und geboostert, also gut gepanzert, ich mische mich unter das Volk aller Vakzinhersteller. Aber nein, Berlin hat seine Covid-19-Schutzvorschriften neu entwickelt, die nur die alten Unsicherheiten sicherer machen. Dem Gastronomen werden Bußen, Betriebsschließungen und Ruin angedroht, also die gesamten Folterwerkzeuge des Rechtsstaates vorgestellt. Weniger konkret wird ihm skizziert, wen er in seine gute Gaststube lassen darf und wie er seinen Betrieb zu Coronazeiten organisiert. Mitdenken ist schon unerwünscht in einer Demokratur von oben.

Muss der Betreiber einer Sehenswürdigkeit aufgrund der weit verspäteten Real-Zahlmeldungen nun täglich selbst bei Charité und Vivantes anrufen, um die Anzahl verfügbarer Betten abzufragen, bevor die Türen geöffnet werden? Würde denn die Freiheit garantiert, wenn sich alle impfen lassen? Hätte man den Sommer nicht verpasst, wäre man heute nicht so weit, wieder alles schließen zu wollen. Wählerstimmen galt der Vorzug vor Gesundheit und Weitblick.

Zahlen als Glaubensgrundlage

Es gibt nun einmal kein Schwarz oder Weiß, nicht einmal in der Schwarzweiß-Fotografie. Wenn das Impfen der Masse an Menschen die sicherste und einfachste Möglichkeit sein sollte, Schutz für alle herzuleiten, scheitert diese Theorie leider daran, dass sich nicht jeder impfen lassen will. Will man die Theorie zur Praxis machen? Das passt nicht ganz zum Rechtsstaat. „Durchgeimpft" sind bereits die, die ohnehin nicht mehr groß ausgehen: Kranke und Altersschwache. Dann gibt es zwei Sorten von Vorsichtigen: die, die sich vorsichtshalber impfen lassen, und solche, die vorsichtshalber den Impfstoff ablehnen. Hat die Obrigkeit das Recht zu entscheiden, welche Ansicht richtig ist? Impfpflicht am Arbeitsplatz, auch an den Baustellen im Freien? Wahrscheinlich gefährdet ein ungeimpfter Straßenfeger gar niemanden, aber er darf nicht mehr arbeiten.

Aber die Zahlen! Gut, wer wird heute so alles getestet: alle Schul- und Kindergartenkinder, weil man über sie unmittelbar Staatsgewalt ausüben kann. Welchen Wert sollen also die Zahlen haben, die von den Schulen täglich gemeldet und mit den anderen Zahlen addiert verkündet werden? Gezielt entscheiden kann man nichts damit. Alles was gesagt und geschrieben wird, reduziert sich zur reinen Glaubensfrage. Und wer glaubt heute noch? Der Bürger hätte Anspruch auf mehr wissenschaftliche Substanz und vollständige Transparenz. Wenn eine Tageszeitung am 18. November behauptet, dass 45 % der Ü60-Patienten in der Klinik geimpft seien, dann ist das falsch gerechnet. Denn bei einer Impfquote von 86 % bei Ü60-Jährigen und 45 geimpften und 55 ungeimpften Ü60-Patienten in einer Klinik liegt folglich das Risiko einer intensivmedizinischen Behandlung 7,6mal höher für Ungeimpfte (1.000 Patienten, 860 Geimpfte, 140 Ungeimpfte, 45 ./. 55 von 1.000).

Nullen der Politik

Emile Dürckheim hat ein Büchlein über den Selbstmord geschrieben. Er widerlegt darin viele Ansichten, die aus den bekannten Selbstmord-statistiken gezogen worden sind (und immer noch gezogen werden). Man kann auch bei Covid-19 die Zahl der Verstorbenen in Relation zur Zahl der neu gemeldeten Fälle setzen und ein statisches Schaubild zeichnen. Man kann auch die Zahl der gemeldeten Fälle in Relation zur Zahl der Zugreisenden setzen und bekommt wieder ein schönes Schaubild. Aber hinterfragt man die Sterbefälle und die der Neu-Meldungen, muss man zugeben, dass man Äpfel mit Birnen verglichen hat. Also könnte man die Zahl der Neu-Erkrankungen auch in Relation zu den täglichen Sonnenstunden oder zum CO_2-Verbrauch setzen: Auch das ergäbe eine anschauliche Statistik; ihr Wert wäre Null. Man kann sagen, alles was die Nullen produzieren hat Null Wert.

Preisgefeilsche statt vernünftigen Schutzes

Und so sehen fast alle Facetten unserer politischen Elite aus: Die Bundesregierung will als handlungsfähig, entschlossen und tatkräftig erscheinen und folglich wird das Brecheisen gehandhabt; ob das, was herauskommt, kausal zur Maßnahme war oder nicht, weiß niemand. Die Masse erwartet eine starke, aktivistische Regierung. Es ist ihr nicht erkenntlich, ob die Maßnahme richtig, falsch oder unnütz war, Haupt-sache es gab eine, die alle betroffen hat. Besser Lockdown für alle als ein Sonderlockdown, der von den Betroffenen umgangen werden kann. So bedauerlich es ist: Es werden in Deutschland auch in diesen Winter-monaten wie schon vor 2019 ungefähr 80.000 Menschen monatlich sterben. 2.600 sterben am Tag, macht 950.000 Sterbefälle im Jahr. Wenn 2020 und 2021 100.000 an (oder mit) Corona gestorben sind, müssten das 10 % mehr an Sterbefällen gewesen sein. Ist aber nicht. Von den 100.000 Corona-Toten waren zu viele am statistisch natür-lichen Lebensende angelangt. Wen diese Berechnung empört, der muss sich vor Augen halten, dass jedes Leben mit dem Tod endet und das Risiko des Todes an sich keines ist: der Tod kommt sicher, nur die Frage lautet: wann. Bevor wir also alle Menschen delegitimieren, wenn nicht sogar kriminalisieren, die sich nicht impfen lassen (inkl. der schutzlosen Kinder und Jugendlichen) und sie in Sippenhaft aller Ungeimpften nehmen, sollte doch besser aufgeklärt werden. Nämlich darüber, was Impfen bedeutet, wie wir damit helfen, welchen Leuten mit besonderen Risiken oder Krankheiten wir Bewegungsfreiheiten ermöglichen wollen und letztlich auch darüber, dass tausende Menschen an der Impfung sterben. Dann sähe alles anders aus. Dann gäbe es auch mehr Impfmotivation. Deshalb ist es auch töricht einerseits Zero Covid in den Raum zu stellen und andererseits zu boostern und weltweit ganzen Regionen und Bevölkerungsgruppen Impfstoff vorzuenthalten – jedenfalls solange man die jeweiligen Länder nicht ummauert und den globalen Warenaustausch verbietet.

Lebensdefinition

Man möge sich also daran erinnern, dass das Leben ohne Maske, der Zugang zu Kultur, die Freiheit einen Beruf auszuüben, aber eben auch der Schutz der Familie und der Freunde elementare Bausteine der Zufriedenheit sind. Erst alles zusammen macht das Leben lebenswert. Unqualifizierte und inkompetente Politiker, gepaart mit religiösen Fanatikern, die für, aber auch gegen Impfung sind, müssen einlenken. Wir sind immer noch eine Menschheit, der es um mehr gehen sollte als nur um Völlerei, den Schlaf und die Fortpflanzung.

Lasst also alle Einrichtungen offen – auch für „nur" Getestete. Wir hatten jetzt fast zwei Jahre Zeit, die Krankenhaus-Infrastruktur zu verbessern. Wer genau hinsieht sieht, erkennt, dass die Reduzierung der Betten und des Personals die Ursache der heutigen Probleme ist. Wenn man jetzt auch Pflegepersonal in Quarantäne schickt und die

Berufsfreiheit mit Impfpflicht paart, dann wäre es intelligenter gewesen, Personal und Infrastruktur vorher aufzubauen, anstatt nun jeden kleinen Friseur und Restaurantbetreiber zu bestrafen.

Neuorientierung von Millionen Menschen

Also Weihachten 2021: vielleicht denken wir einmal darüber nach, ob es an der Zeit ist, die unpolitisch gesteuerte Transparenz und den Zugang zu Zahlen sicherzustellen. Ähnlich wie die während der Pandemie immer wieder von der Politik geäußerte Siegessicherheit bei Lockdown, AHA, Impfverfügbarkeit zeigte, waren viele Soldaten aller Kriegs-parteien 1914 enthusiastisch und voller Siegesgewissheit in den Krieg gezogen und hatten gehofft, „bis Weihnachten" wieder zu Hause zu sein. Dieser Optimismus verflog allerdings bald. Die bittere Realität der Schlachten im Spätsommer und Herbst 1914 hatte in wenigen Monaten eine deutliche Ernüchterung auf beiden Seiten der Front bewirkt. Daher kam es auch am 24. Dezember 1914 zum sogenannten „Weihnachts-frieden", einer von der Befehlsebene nicht autorisierten Waffenruhe während des Ersten Weltkrieges am 24. Dezember 1914 und an den folgenden Tagen. Bezogen auf die Situation heute: Das Virus wird nicht aufhören anzustecken, und aufgrund des politischen Versagens wird es 2021 keinen „Weihnachtsfrieden" geben. Wie soll so also die Zukunft aussehen?

5. Januar 2022

Mobilität ist ein spannendes Thema im ganzen Land. Wie verbessert man allerdings die Mobilität insgesamt und bekämpft nicht nur den Klassenfeind: das Automobil?

Sightseeing in Berlin

Berlin als Sehenswürdigkeit

In Berlin darf man nicht mehr tanzen: dazu gehören nämlich mitunter wilde Bewegungen, und die sind verboten. Das ist wohl die derzeitige Spitze an nutzlosen Maßnahmen, wobei man es bei Behörden schon seit fast zwei Jahren ohnehin nicht mehr schafft, einfach antanzen zu dürfen. Wie können wir es also schaffen, dass Berlin wieder Bewegungsfreiheit für Besucher und Bewohner erhält?

Gut 300 Hektar Park – das entspricht der Fläche für 450 Fußballplätze – sind mitten in Berlin freies Feld: der ehemalige Flughafen Tempelhof, den das Land für 35 Millionen Euro erwerben konnte. Bereits 2008 ist der Flughafen geschlossen worden. Seitdem streiten politische Parteien über dessen Nutzungsvarianten. Braucht man die historischen Flughafengebäude überhaupt noch oder kann man sie umnutzen? Gerichtsvollziehereien haben sich dort eingenistet.

Großstädte wie Paris beneiden Berlin für eine derart gigantische Fläche intra muros. Paris musste seinerzeit Hallen abreißen, um sein „Centre Pompidou" bauen zu können. Das hätte Berlin nicht nötig: Es hat Platz für immer neue Sehenswürdigkeiten. Für einen Hauptbahnhof (fertiggebaut 2006) mit fast 400 Metern Gleislänge, für einen Kurfürstendamm, ursprünglich als Dammweg durch die Lücke und Brüche zwischen dem Berliner Stadtschloss und dem Jagdschloss Grunewald gezogen, der seit 1886 Boulevard-Straße mit einer Gedächtniskirche für Kaiser Wilhelm I. († 1888) ist. Den Alexanderplatz in Mitte will man seit langem komplett neugestalten. Er bleibt nach dem russischen Zaren Alexander I. benannt, dem Preußen seine Befreiung von 1813 verdankt. Von dort zieht es die Touristen westwärts über die Karl-Liebknecht-Straße zur Museumsinsel (seit 1999 UNESCO-Weltkulturerbe) hinüber. Links und rechts dieser Pracht-Avenue sehen sie die zwischen 1830 und 1930 von fünf Architektengenerationen konzipierten Monumentalbauten (den Königen sei Dank). Die U5 wurde verlängert und hält inzwischen am modernen heutigen Humboldt Forum, das den Platz des Palastes der Republik eingenommen hat. Dessen Erbauer hatten das Hohenzollernsche Stadtschloss wegsprengen lassen, an dessen Silhouette das demokratisierte Humboldt Forum erinnert.

Zentraler Demonstrationsplatz

Viele wissen nicht oder bekommen nicht mit, dass in Berlin mehr als 5.000 Demonstrationen pro Jahr stattfinden (jedenfalls bis 2019), was täglich durchschnittlich 14 Demonstrationen bedeutet. Was chinesische Besucher sicher als sensationell wahrnehmen, erscheint Berliner*innen als banale Belästigung, denn sie bleiben unerwartet im Verkehr stecken oder müssen sich über Einbahnstraßen um Straßensperrungen winden. Warum nutzt man nicht den ehemaligen Flughafen Tempelhof als zentralen Demonstrationsplatz? Man könnte so eine neue Sehenswürdigkeit schaffen und gleichzeitig die Straßen der Stadt entlasten. Keine Demonstration wäre dann mehr in der Stadt erlaubt – es schaut ohnehin niemand mehr hin.

Man könnte sich im Netz auf www.demonstration.berlin informieren, wer heute gerade wofür oder wogegen demonstriert. Die Regierung kann man zwingen, von der Demonstration Kenntnis zu nehmen, indem die glatten Fassaden des Bundeskanzleramts und der Gebäude der Abgeordnetenbüros als überdimensionale Bildschirme genutzt werden. In der Größe, die vergleichbar den bekannten Piccadilly Lights in London sind, könnte man an sämtlichen Hotspots der Stadt einen Livestream installieren. So gewinnen beide Seiten: Die Stadt wird von Straßenbehinderungen befreit, die Demonstranten gewinnen eine breite Aufmerksamkeit und sind überall in der Stadt zur gleichen Zeit und international sichtbar. Das zeugt nicht nur von Effizienz, sondern ist gelebte Digitalisierung. Selbstverständlich müssten Demonstrationen sofort wieder erlaubt werden. Im Tal der Ahnungslosen und im restlichen Sachsen sind Demos nur bis zu zehn Personen gestattet. Für Sachsen wäre Berlin um eine echte Sehenswürdigkeit reicher: Die Stadt der Freiheit würde zur vorbildlichen Hauptstadt werden. Die sonst desinteressierten internationalen Medien würden wieder mehr als nur von einer „German Angst" berichten.

Mobilitätswettbewerb

Damit scheidet im Streit um die Straßennutzung schon eine Teilnehmergruppe aus. Es verblieben die Nutzer von fast drei Millionen Fahrrädern gegen 1,25 Millionen Halter von Motorvehikeln in Berlin, die beide im Wettbewerb mit etwa 1.400 Bussen stehen. In Paris entstehen im Kampf gegen Autos überall Fahrrad-Straßen, die eine flüssige Zirkulation von Autos unmöglich machen. So will man Autos aus der Innenstadt verdrängen. In der bayerischen Landeshauptstadt München, der früheren Hauptstadt der Bewegung, dürfen nur noch Carsharing-Fahrzeuge in der Innenstadt parken. Ist man dort für oder gegen Bewegung? Berlin weeß es noch nüscht so recht.

Streckenweise hat man, wie zu Zeiten der Mauer, die Friedrichstraße für Autos unterbrochen. Um die prachtvollen Neubauten (etwa um das Humboldt Forum) herum hat man sogar auf Busparkplätze verzichtet. Wozu wären sie gut? Es gibt die Haltestelle der U5. So vermeidet man das Aufkommen von Touristen, die noch dem Verbrennungsmotor huldigen. Leider behindert man auch den (elektro-) motorisierten Verkehr, den man eigentlich fördern will. Moderne Brücken werden mit „Fahrrad-Vorrang" gebaut. Auf älteren Brücken verengt man die Fahrwege. In der Kantstraße oder neuerdings auch auf der Frankfurter Allee und auf der Karl-Marx-Straße werden die Fahrzeugspuren halbiert.

Buße bis zum absoluten Stopp

Den Kampf gegen Autos führt man in Berlin sehr subtil. Die Bezirks-ämter sind inzwischen angewiesen, keine Parkvignetten mehr aus-zustellen – auch nicht für nachgewiesene Berufstätigkeit, schon gar nicht für die Handwerker und auch nicht für ambulante Pflegedienste. Kategorisch werden diese Autonutzer genötigt, die sich laufend erhöhenden Parkgebühren zu begleichen. Ist es denkbar, dass die Autofahrer ähnlich wie Impfverweigerer ohne Impfpflicht zum Stehen-lassen des Autos genötigt werden sollen? Dass ein ambulant arbei-tender Pflegedienst entscheiden könnte, zur Pflege gewisser älterer Personen, die „falsch" wohnen, gar nicht mehr zu fahren, weil sein Pflegepersonal zu Fuß zu weite Strecken absolvieren müsste, daran denkt ein Verkehrsplaner nicht. Man verschärft diese Situation noch: mit einem neuen Bußgeldkatalog. Wer ohne Ticket oder gar falsch parkt, wird gebüßt und sogar bepunktet.

Das betrifft ausnahmslos alle, also auch diejenigen, die Besucher-Rundfahrten veranstalten: Ein Stadtrundfahrtenbus bekommt keine Haltestelle in Berlin, dafür aber einen Punkt und 70 € Bußgeld, wenn er „wild" hält und einen Berlin-Besucher in zweiter Reihe „behindernd" aussteigen lässt. Das wird im Gegensatz zu allen anderen deutschen Städten in Berlin durch Ordnungshüter-Horden stur angezeigt. Kal-kuliert man auf der Basis von 70 € pro Bus nur zwei verzeichnete Ordnungswidrigkeiten pro Tag, hagelt es 140 € Bußgeld (kann bei Wiederholung verdoppelt werden) täglich (nicht steuerlich absetzbare 51.000 € p.a. und Bus) auf den Tisch des Hauses, und in die Kassen der Stadtkämmerer Millionen Euro pro Jahr für Busse und Bußen. Volkswirtschaftlich betrachtet benötigt der Betriebswirt dafür gut 4.000 (18,80 €/Ticket ohne Nebenkosten, nach Steuern) Touristen pro Bus mehr in Berlin, um diese Bußen betriebswirtschaftlich zu neutralisieren. In Berlin sind ein halbes Dutzend Busunternehmen zur Stadtführung unterwegs. Ganz nebenbei bemerkt fließen die gut sechs Millionen Euro Falschparkereinnahmen pro Jahr allein im Bezirk Mitte nicht wieder in die Sanierung von Straßen oder den Bau von Haltestellen, wie man erwarten dürfte. So dürfen derzeit Doppeldecker-Busse aufgrund des maroden Straßenzustandes „Unter den Linden" nicht mehr befahren.

Damit aber nicht genug: Nach § 3 Abs. 3 Satz 1 des Straßenverkehrsgesetzes erlaubt das mehrfache Falsch-Halten auch, die Fahrerlaubnis aufgrund mangelnder Zuverlässigkeit einzuziehen – für Busfahrer ebenso wie für die Geschäftsführer des Bus-Unternehmens. Und um die Perversion von Zwang komplett zu machen, soll künftig die mangelnde Anzahl an Ordnungspersonal (nur teilweise krankheitsbedingt bis zu 101 Tage daheim) durch ein neuartiges Kamerasystem ausgeglichen werden. Berlin schickt dann Bußgelder aus Automaten, wenn ein Bus der Touristik ohne eine ausgewiesene Parkbucht anhält (die es ja nicht gibt). Der Führerscheinentzug wird dann wohl einige Wochen später genauso automatisch folgen. Man bekommt doch schnell die acht vorgeschriebenen Verstöße zusammen, um seinen Schein für bis zu fünf Jahre los zu sein. Aber alternativlos sind wir nicht: Besser keine Touristen mehr chauffieren und kein Busunternehmen führen; solche Unternehmen braucht Berlin eh nicht wirklich. Strom kommt aus der Steckdose, Steuereinnahmen werden künftig vermehrt gedruckt.

Entschleunigung auf der Straße

Wenn der Wohnberliner dann trotzdem noch hinter einem der dutzenden Touristik-Busse herzuschleichen hat, kann er viel Spannung abbauen, wenn er von alledem weiß. Heute ist sein ohnehin angespanntes Nervenkostüm noch dem Platzen nahe, wenn er hinter dem Bus herzotteln muss. Er beginnt, seine Wut auf die Touristen zu sublimieren (würde Sigmund Freud analysieren). Zu Unrecht: Denn in den Wohnkiezen (z.B. in Friedrichshain) hat man zur Fahrzeugabwehr auf kurzen Straßen alle fünf Meter zwei Bodenfallen eingebaut, die man nur mit weniger als 5 km/h Maximalgeschwindigkeit schadlos überwinden kann. Sogar die in einem Transportfahrrad mitgenommenen Kinder oder die besorgten Einkäufe hüpfen da schon mal unfreiwillig einen halben Meter in die Höhe. Bei mehr als 5 km/h landen sie dann außerhalb des Korbs. Auch Rettungsfahrzeuge trifft es härter: Sie müssen wegen der Eile ihrer Mission, die nicht „impossible" werden darf, umweltschädliche Umweg-Kilometer fahren. Man müsste besser für diese Kategorie von Motorfahrzeugen die Gehwege so verbreitern, dass amtliche Fahrzeuge wieder frei rasen können und nicht durch künstliche Zwangssackgassen an ihren Aufträgen scheitern. Für den touristischen Laien muss es allerdings ein stilles Vergnügen sein, am Landwehrkanal vom Bus aus auf die parkfreien Häuser zu schauen. Für den Einzelhändler bedeutet diese Freiheit wahrscheinlich das Ende seiner freien Existenz.

Die Umwidmung der Straßen durch Initiativen wie „Die Straße gehört dem Menschen" kannten bisher nur die Delawaren auf dem Broadway. Straßen im alten Rom waren nicht nur für Fußgänger angelegt; bei uns holt man das Versäumte nun langsam nach. So kann die Politik den Rückgang von passierenden Fahrzeugen auf gut 16.000 pro Tag in der Kantstraße feiern: ein Viertel weniger Verkehr. Dass die Autos nicht weg sind, sondern nur woanders fahren, fällt in der Kantstraße wie in der Friedrichstraße natürlich nicht auf.
Denn die Politik schaut nicht so weit über den Straßenrand zur Charlottenstraße hinüber, wo es sich nun staut. Diese Nebenstraße ist auch nicht dafür ausgelegt, den Verkehr der Friedrichstraße zum Gendarmenmarkt aufzunehmen. Genauso fahren die touristischen Busse nicht mehr über die Kantstraße zur Zitadelle Spandau oder über

die B1 (Frankfurter Allee) zum Schloss Biesdorf. Dafür brauchten sie neuerdings eine Stunde, wenn sie von Mitte aus starteten. Die Nachfrage nach solchen Touren fehlt schlichtweg. Es geht aber auch schon nicht mehr um Nachfrage, sondern um reinen Idealismus.

Die Deutsche Bahn

Die Prinzipien von Nachfrage und Marktwirtschaft mussten auch der pro Jahr gut zwei Milliarden Euro verbrennenden Deutschen Bahn auffallen. Sie stieg vor nicht allzu langer Zeit in den Markt des internationalen Touristik-Reisebusverkehrs ein. In Polen bot die Deutsche Bahn das Busticket zum doppelten Preis des dortigen Wettbewerbers an. Das deutsche Argument, dass die höheren Preise zur Finanzierung u.a. von Umweltprojekten und Personalsondervergütung verwendet werden, überzeugte den Touristen nicht, fiel den mit 30 Milliarden Euro verschuldeten Bahn-Lenkern aber zu spät auf. Die Deutsche Bahn verbrannte ungestraft gute 10 Milliarden Euro Steuergeld im Ausland und feuert damit munter weiter, indem nun auch Stadtrundfahrten von der Deutschen Bahn angeboten werden. Unverständlich, warum sich die Deutsche Bahn als Staatsbetrieb überhaupt mit Stadtrundfahrten beschäftigen soll. Es ist Zeit, die Deutsche Bahn aufzulösen und nur solche staatlichen Betriebe zuzulassen, die den Staatsaufgaben entsprechen: zu den Infrastrukturaufgaben gehört deren Nutzung durch staatlichen Stadttourismus ganz sicher nicht. Sollen Überschüsse wieder in einem Verlustkonsortium untergehen? Es ist geradezu eine Pestilenz oder Pandemie geworden, dass Staatsbetriebe private Aufgaben übernehmen und denjenigen Wettbewerb machen, die sich nicht mit unendlichen Gelddruckmitteln helfen können. Innovation sollte durch Vernunft und nicht mit Haufen von Geld in trial and error bewirkt werden. Wie soll es also für uns weitergehen? Wie kann man die Steuermittelver(sch)wendung demokratischer gestalten und Berlin attraktiver für Bewohner und Besucher machen?

Politisches Sightseeing

Wir haben 69 Shopping-Center in Berlin, wovon die Hälfte nahezu ausschließlich Touristen anzieht. Hier könnte der Senat einmal wöchentlich über aktuelle politische und sehr regionale Themen abstimmen lassen. Es wäre doch ausgesprochen demokratisch, wenn es dem Wohnberliner gelänge, alle Bevölkerungsgruppen über konkrete Umgestaltungen direkt abstimmen zu lassen und nicht nur auf das radikal formulierte und besonders laut skandierte Wort von Minderheiten zu hören. So könnte Berlin seine Wohnbevölkerung direkt befragen, die Meinungen digital orten und demografisch auswerten, wenn eine bestimmte Straße als autofrei zur Diskussion steht oder ein Bushalteplatz am Humboldt Forum entstehen soll. Das gälte auch für andere Dinge wie Parklets nebst grün gemalten Punkten für 1,6 Millionen Euro auf der Bergmannstraße. Oder wenn Schlaganfallfahrzeuge für die Notfallversorgung der Bevölkerung gestrichen werden sollen. Man muss nur sicherstellen, dass alle Altersgruppen und sozialen Schichten tatsächlich mitstimmen. Motivieren könnte man mit Einkaufsgutscheinen und Buffeteinladungen. Eine Abstimmung mit Fragerunde an den/die Senator/ Senatorin an jedem Mittwoch in der East Side Mall oder den Potsdamer Platz Arkaden würde außerdem diese toten Orte durch die Präsenz von Wohnberlinern beleben.

Internationalität als Wertschätzung

In der internationalen Berichterstattung hat der Antrag vom Dezember 2021, Techno als immaterielles Kulturerbe bei der UNESCO anzuerkennen, ein breites Echo ausgelöst. The Guardian, The Times, ARTE usw. berichteten aufgrund dieses Antrags über die Club- und Techno-Kultur in Berlin. International wird Berlin an sich als Sehenswürdigkeit („Immer eine Reise wert") wahrgenommen. Warum geben wir das nicht zurück? Man könnte beispielsweise englische Wochen einrichten, wenn diese im Verhältnis ihrer Einwohnerzahl die meisten Besucher in Berlin darstellen. Als Dankeschön könnten alle Engländer einen Tag pro Jahr überall kostenfrei Eintritt erhalten oder eine Hotelübernachtung geschenkt bekommen. Alle anderen Nationen würden motiviert, im nächsten Jahr die Nummer 1 zu werden. Man könnte solche Wochen auch in besucherarmen Jahreszeiten platzieren oder die Top 3 entsprechend bepreisen. Die City Tax von 51 Millionen Euro gibt das locker her.

Vielleicht brauchen wir aber einfach nur mehr Gelassenheit. Denken wir an den Asteroiden 4660 Nereus, der sich der Erde immer wieder nähert. Sollte er bei seinem nächsten Besuch im Jahr 2031 Europa plattmachen, ist es auch egal, über welches Rad, Auto oder welchen Bus man sich zuvor geärgert hat. Das Leben ist einfach zu wertvoll, um sich jeden Tag zu ärgern. Oder hören wir auf YouTube unseren alten Berliner Otto Reutter: „In 50 Jahren ist alles vorbei".

3. Februar 2022

Schon wieder ist Politik arrogant genug, den Begriff des Qualitätsbesuchers vorzugeben und alle anderen Menschen auszuladen. Es ist derart grotesk, dass ich dazu einen Text verfasst habe.

Qualitätstourismus in den regierenden Köpfen Berlins

Oder wie man Berlin belastungsfrei aus den Schulden hebt

Wer sich in letzter Zeit in Mainz aufgehalten hat, wissend, dass die Stadt hochverschuldet war, dem musste auffallen, dass davon nichts mehr zu verspüren ist. Dank eines außerordentlich erfolgreichen Unternehmens hat sich die gesamte Stadt-Verschuldung in Luft aufgelöst. Berlin hat es mit seiner Luft deutlich schwerer. Das versteht man eigentlich nicht, denn Berlins Potential an Jugend und Masse ist deutlich höher als das von Mainz. Quantitativ kann hierzulande aus dem vollen Volk geschöpft werden. Die Gewerbesteuer in Berlin mit fast 2,4 Milliarden Euro p.a. bringt an zweiter Stelle die Steuereinnahmen in die Höhe. Ihr Hebesatz beläuft sich auf dezente 410 % (zum Vergleich: München 490 %, Frankfurt 460%, Stuttgart 420 %). Seit Jahren versucht der Senat (Landesregierung), einen sogenannten Qualitätstourismus einzuführen; alles andere soll runtergefahren werden. Qualität soll Nachhaltigkeit bedeuten. Ist die Stadt mit ihren Tourismusunternehmern in Bezug auf Nachhaltigkeit unzufrieden? Den Begriff „nachhaltig" könnte man auch auf die Steuereinnahmen der Stadt beziehen. Ihr fiskalisches Kapital stellen regelmäßig fließende Steuereinnahmen dar. Nachhaltiges Fiskalkapital ist ein solches, das stetig zunimmt, das nicht verbraucht wird und das auf diese Weise der Stadt erlaubt, von den Früchten des Kapitals zu leben. Berlin dürfte also die fruchtbringende Ressource nicht runterfahrend angreifen, um seinen Verbrauch zu decken. Nun, in Berlin versteht man das nicht so. Oder der Berliner Tourismus ist zu wenig „nachhaltig" im Sinne von steuerhaltig.

Definition im Deckmantel der Gefühlswissenschaft

In Berlin sitzen seit einem Jahr Politiker und Branchenvertreter zusammen, um eine (allseits neue) Definition für Nachhaltigkeit zu finden. Sie soll zugleich „Stadtverträglichkeit" einschließen. Seit Jahresende sollte schon eine „Zielgruppensegmentierung" gefunden sein, um mit einer gezielten Stadtvermarktung beginnen zu können. Das alles wird natürlich höchst „wissenschaftlich" betrieben, d.h., was man eben in Berlin unter wissenschaftlich versteht. Zur Erinnerung: Einen ersten Probelauf gab es schon 2018. Eine Vermarktungsfirma hatte Prognosen auf Basis sogenannter „ruhender Hotelgäste" abgegeben. Deren Bewertungen waren ausgewertet worden. Die auswertenden Personen hatten in der Mehrheit nichts mit Tourismus zu tun: Sie hatten leider niemals zuvor eine touristische Attraktion managen können. Der Begriff „Wissenschaftlichkeit" muss also sehr großzügig aufgefasst werden. In gewöhnlichem Deutsch gesagt, setzte der Senat auf ruhige, unsichtbare und saubere Besucher*innen, die trotz ihrer Anzahl so unauffällig bleiben können, weil sie als Besucher*innen separiert, geografisch verstreut und zeitlich auf 365 Tage verteilt werden. Abgekupfert ist diese Methode von der CSU in Bayern. In Bezug auf die Flüchtlinge nach Deutschland: hat man dort das Maximum minimalisiert. So gesehen wäre es für die Zukunft am besten, wenn die Besucher*innen zu Fuß nach Berlin pilgerten, wenn sie erst während des Berufsverkehrs ihr Frühstück einnähmen und vor Einbruch der Dunkelheit wieder in ihre Hotels kämen. Trotzdem sollen sie möglichst viel Geld ausgeben in der verbleibenden Zeit für Sightseeing. Im Falle eines schnöden Urlaubs erwartet der Senat, dass sie sich vor Beginn der Reise ankündigten. Für diese Spezies könnten operative Instrumente geschaffen werden, anhand derer man die Lenkung der Urlauberströme nicht verliert. Die lauten jungen, feiernden Menschen, die überdies nicht besonders einkommensstark sind, um genug Geld zu verbraten, sieht man weniger gerne. Im Grunde soll schon eine Brandenburger Familie nicht mit dem Auto nach Berlin kommen, schon gar nicht, wenn sie ihre „Brotzeit" mitbringt. Das verlangt die Reinheit der Berliner Luft.

Nachhaltigkeit in Perspektivwechsel

Es könnte natürlich auch so sein, dass nicht die Besucher, sondern die Attraktionen gemeint sind, wenn von „Qualitätstourismus" gesprochen wird. Gut eine Milliarde MWh Gas wird in der Bundesrepublik Deutschland jährlich verbraucht. Auf dem Niveau der letzten Gasag-Preiserhöhung bedeutet dies einen Aderlass von 20 Milliarden Euro nur an zusätzlichen Gaspreiskosten von Deutschland nach Russland (70 %) und Norwegen (30 %). Dabei muss man wissen, dass die letzte Preiserhöhung die aktuellen Gasreserveaufbauten nicht einschließt: Die abschließende Preiserhöhung kommt erst noch. Berlin lebt noch immer zu 80 % von fossilen Brennstoffen. Deshalb haben die Kosten für den Bezug von Fernwärme auch gleich um 30 % angezogen. Grund: die Erhebung der neuen CO_2-Steuer. Unwahrscheinlich wäre auch die Hoffnung, dass Norwegen oder Russland aus Nächstenliebe die Gaspreise senken könnten. Angesichts des Auslaufs des Geschäftsmodells bzw. der bisher freundlichen diplomatischen Beziehungen wird dies doppelt unwahrscheinlich. Dennoch fahren auf der Spree noch immer touristische Schiffe mit Dieselantrieb. Museen, Hotels und praktisch alle anderen Sehenswürdigkeiten heizen noch immer überwiegend fossiler (um einmal Adverb und Adjektiv distinguiert einzusetzen). Oder ist mit Nachhaltigkeit gemeint, dass der Besucher auf kein Boot mehr steigen oder in kein Museum mehr spazieren darf, wenn dieses nicht Sonne oder Wind als Energiequelle nutzen? Das könnte bei Berücksichtigung des oben angesprochenen volkswirtschaftlichen Schadens wenigstens mittelfristig eine sinnvolle Idee sein. Seit Jahrzehnten versuchen nämlich Bund und Land dem fossilen Ressourcenverbrauch gegenzusteuern. Wir wissen aber, dass die Kompetenz und die Weitsicht bisher in der Politik eine Fehlanzeige waren. Touristische Umrüstungsförderungen gibt es Sowieso nicht. Berlin schafft es im Sinne der Nachhaltigkeit ja schon nicht, die eigenen U-Bahnhöfe barrierefrei herzustellen. Gut ein Fünftel sind nicht barrierefrei. Jedes private Unternehmen hätte bereits den Entzug der Betriebserlaubnis zu befürchten. Der Staat sollte deshalb zunächst bei sich selbst beginnen, wenn es um Umrüstung und nachhaltige Qualität geht. Dass Investitionen und Anforderungserhöhungen immer mit Preiserhöhungen einhergehen (wie es der Wohnungsbau belegt), dürfte einleuchten. Nein, leider ist nicht der Empfängerhorizont gemeint. Man meint nur den Touristen: Dieser soll seine Qualität verbessern bzw. gar nicht auf die Idee billiger Besuche kommen; Berlin arbeitet in diesem Sinne noch ein paar Jahre träumerisch und verschlafen an sogenannten touristischen Raumordnungsverfahren.

Tourist als Nutztier

Der Tourist ist von Natur aus ein Mensch; was wird mit diesem Menschen gemacht? Unschuldig geboren färbt und gerbt sich im Laufe der Zeit die Haut seiner Seele mit allen möglichen Tattoos und Narben. Mit 40 dürfte sein Seelenleben aus Neurosen und Berufskrankheiten überlastet sein. Irgendwann ab 40 hat dieser berufskranke Neurotiker meist auch den Zenit des (beruflichen) Lebens erreicht. Er kann alles, weiß alles und wird sich nicht mehr viel Neues anschaffen wollen. Zu Frust und Mangel an Lust kommt die zunehmende Automatisierung des Lebens. Es wird uns vorgegaukelt, dass die Digitalisierung der Lebensabläufe die Qualität und Effizienz unserer Arbeit laufend verbessere. Ist das so? Vom Standpunkt der abstrakten Leistung aus gesehen vielleicht. Aber vom Standpunkt des menschlichen Wesens aus? Vor 2007 bzw. vor 1993 merkte man sich manche Telefonnummer noch im Kopf. Heute sieht man den Namen im Display und sieht keine Zahlenfolge mehr, die man sich einprägen könnte. Fällt das eigene mobile device aus, kann man nicht einmal mit dem Handy des Nachbarn seine Frau anrufen. Man muss sich heute nicht mehr für eine persönliche Begegnung groß vorbereiten. Per Handy sind alle Partner immer auf der Matte.

Ganz spontan lassen sich Zusammenkünfte per Automat organisieren. Man kann inzwischen reine Sprachnachrichten verfassen oder einfach ein hieroglyphisch Emoji versenden. Der Verblödung Rechnung tragend, erzwingt eine Software mit Erinnerungsmails, was wir tun sollen. Microsoft notiert, wie effektiv wir waren. Wann endlich sprechen alle ihre jeweils verkümmerten Sprachen in eine Google-App, die dann eine Universal-Sprache ausspuckt, die wiederum die nächste Automatengeneration gelernt hat? Damit wir keine Rückzieher hin zum eigenständigen Denken machen müssen, gibt es heute auch keine Rechner mit USB-Stick mehr zu kaufen. Die Daten sind „geklaut" (oder gecloudet) – in einer Cloud. So will man den Besucher auch in Berlin automatisiert so lenken, wie und wo er sinnvoll gemolken werden kann. Das ist moderne Landwirtschaft (Land = Bundesland, nicht Bauernland). Der Tourist ist auf Landesebene ein nutzbringendes (steuergeldlassendes) Tier(chen) und bekommt sein Pläsierchen. Gerechtigkeit gibt es auch: Bisher wenig beachtete Bezirke sollen mehr touristisches Geld empfangen dürfen, wenn der Tourist dorthin geführt und abgemolken wird. Im Wettbewerb zu Brandenburg ist die Landwirtschaft hier urban.

Besucher und Attraktion mit Siegel

In diesem Automatisierungsprozess werden unsere Touristen also zu einer Art humanen Nutzviehs degradiert. Das Wort mag illegitim verstanden werden, wenn der vegane Soziologe sich in der Agrarkultur durchsetzt. Allerdings ist es genau das, was Berlin auf seine Weise versucht, aus seinen potentiellen Besuchern zu machen. Nur was wird dann das Qualitätsmerkmal bei diesem Nutzvieh? Nunja, wenn man wie im Tourismuskonzept 2018+ den jungen und lauten Party-Touristen (die Vitelloni nach dem Fellini-Film) fernhalten will, dann sollten drei Fragen vorab beantwortet werden:

1. Ist den Berlinern der junge Mensch mit seinen Ansprüchen und seiner eigenen Perspektive lästig?

2. Könnte sich ein jeder Berliner barrierefreie Lebensqualität durch eigenes Geld verschaffen?

3. Wie bekommen wir Menschen mit Ideen über künstliche Rechtshürden hinweg?

Wer ohne staatliche Hilfe eine konkrete Einrichtung oder Attraktion auch für Menschen ohne Geld und weniger Bildung schaffen will, oder, wer sich allgemein ein geistreiches kulturelles Umfeld für alle schaffen möchte, was wird dieser erwarten dürfen? Wir haben gesehen, was Berlin mit Galeristen macht, um sie zu vergraulen. Wir sehen, wie schwer es ist, neue Kulturräume in der Lichtenberger Herzbergstraße in Berlin zu etablieren, weil die Bauvorschriften für Gewerbegebiete angeblich keinen Kulturraum zulassen.

Sieben Punkte zur Glückseligkeit

Unter diesen Prämissen hat sich Berlin mit seinem Instrument visitBerlin glorreiche sieben Punkte ausgedacht. Ein Bild mit jungen Menschen im urban garden soll hier als Aushängeschild dienen. So wie auf dem Bild sieht also der Besucher der Zukunft aus? Der erste Punkt ist die Pandemie-Sicherheit. Ganz sicher ist nur, dass eine Pandemie im Raum steht. Sicherheit gegen sie gäbe es, wenn die höhere Politik irgendeine Regel länger als 14 Tage gelten oder wenigstens in derselben Stadt die Ortspolitik nicht in jedem Bezirk unterschiedliche Regeln vorherrschen ließe. In manchen Bezirken sollen sogar zwei Regeln, abhängig von Wohnort und Arbeitsplatz des angesprochenen Menschen, Geltung haben. Also doch Brandenburger Touristen zum Maßstab machen? Nur Brandenburger können so kurzfristig und kostengünstig umplanen, wie sich die Vorschriften ändern. Der Gipfel der naiven Frechheit ist, dass man mit dem Besucher „Verhaltensregeln" einüben will. Glaubt die Senatsleitung, dass es das Virus nur in Berlin oder Deutschland gäbe und dass der Tourist noch nie etwas von Abstand, Maske oder Händewaschen gehört hätte, als käme er aus imaginären Drecksländern? Es bleibt aber die Hoffnung, dass es das Virus irgendwann nicht mehr anders geben wird als das der Grippe. Dann wäre wenigstens dieser Punkt, der in 2022 (!) nach zwei Jahren Konzeptbearbeitung im Raum steht, obsolet.

Was nun unter stadtverträglichem Qualitätstourismus verstanden werden soll, verrät auch Punkt 2 des neuerlichen Konzeptplans nicht. Nichts Konkretes. Wünscht die Senatsverwaltung aus den heutigen Besucherströmen deren Reduzierung auf ein bestimmtes Besucher-fragment, so werden zwangsläufig andere Menschen vor den Kopf gestoßen. Es bleibt hierzu zu hoffen, dass die Definitionen und die Identifikationen von Potentialen Buchstaben auf dem Papier bleiben. Typische Beraterfloskeln, die niemand versteht, sind ungefährlich, solange niemand etwas Konkretes unternimmt. In der „neuen Logik" werden „zwei zusätzliche Merkmale zum Begriff Nachhaltigkeit" defi-niert. Die durchweg als weiße Personen dargestellten Figuren sollen vermögende, bürgerliche 45-Jährige mit Kindern, die im eigenen Haus-halt leben, sein. Außerdem sollen die Besucher gern nach Berlin reisen, Vielfältigkeit und Variation zu schätzen wissen, freundlich und gutherzig eingestellt sein, unerwünschte Verhaltensweisen vermeiden und anderen Menschen respektvoll begegnen. Diese infantile Denkweise hat man nach dem Schema der Einreisegespräche in die USA oder nach Israel nachempfunden. Die neue Berliner Mauer muss nur mit genügend pädagogischen Beamten ausgestattet werden, um Einreise-anträge nach den Vorgaben der Berliner Politiker zu prüfen und ein-kommensschwache Lust-Touristen, die nur in Bars abhängen wollen, Berlin nur als eine Stadt unter vielen Städten sehen. Sie bedeuten außerdem die Gefahr, desinteressiert das geltende politische Raster abzulehnen. „Touristisches Wohlwollen" könnte durch eine Prüfung auf Antrag der persönlichen Zuverlässigkeit des „gutherzigen" Touristen vor Reisebeginn dahingehend objektiviert werden, dass der Besucher nachweist, sein Einkommen sonntäglich an gemeinnützige Organisationen gespendet zu haben (14 %; der Koran verlangt 10 % als Zakat).

Man kombiniert also in Berlin die Vorstellung der Weltpolitik für Besucher mit starren Einreisedefinitionen zu fixen Preisen und vor-fixierten Destinationen. So soll der wirklich gewünschte Besucher in 1stClass Hotels oder Luxus-Ferienwohnung buchen und Mittelklasse-Übernachtungen nicht nutzen. Er bleibt einen Tag länger als der Durchschnitt und geht erst am stinkenden 4. Tag. Apropos: Eine gemeinsame Buchung mit Freunden über digitale Plattformen soll auch nicht nachhaltig sein. Nummer drei sind die Datenerfassung und deren Monitoren. Beides war lange ersehnt im Glauben, dass dadurch, „Bauchentscheidungen" der Politik reduziert werden würden. Was man mit den Daten tun will, steht aber auch schon fest: Besucherlenkung. Was macht man da nur mit den bösen Besuchern, die sich nicht weg von Mitte lenken lassen wollen? Schließt man gewisse Sehenswürdigkeiten während des Sommers? Dynamische Preisdemotivation? Besucher lassen sich nur schwer mit Gewalt lenken, aber gerne überzeugen.

Der Punkt vier des Berliner Plans für eine „schiefe Schlachtordnung" lautet, Zugang zu Fördermitteln und Weiterbildung der Unternehmer lenken. Das Problem dabei wäre, dass die Bewerter von Fördermitteln meist den Markt oder die Bedeutung eines Unternehmens zuverlässig einzuschätzen wissen. Die Profiteure solcher Maßnahmen sind meist und ausschließlich die Unternehmensberater. Die Zahl der Unternehmensberater hat sich 2020 im Vergleich zu 2019 wieder fast verdoppelt. 184.000 Beraterindividuen mit fast 35 Milliarden Euro Umsatz jährlich sind entstanden. Man entfremdet sich also dem Steuerzahler, der dachte, die gewählten Politiker wüssten, was sie wollen. Sie wissen es aber nicht, wenn sie Steuermittel, in Taschen von Beratern stecken. Auch das sehen die Politiker nicht, die nur sagen können wollen, man habe zwar alles getan, sei aber am Unmöglichen gescheitert, wofür man keine Verantwortung trage. Da ist jeder YouTube Chanel günstiger und meist effizienter als die Pseudohilfe zugunsten parasitärer Beraterhorden. Ganze 25.000 Beraterhorden gibt es. Wüssten diese alles, hätten sie echte Unternehmen und würden produktiv Werte schaffen.

Punkt fünf ist ähnlich wie das 5. Gebot: vernünftig. Digitalisierungshilfe zu Besucherströmen, Vermarktung und alles, was die Attraktion direkt und selbst verbessern kann. Das ist durchaus ein großes Plus. Jedenfalls wäre dies deutlich günstiger, als Kongresse und Messen zu organisieren, wie man es vor der Wende noch tat. Früher kamen von überall her Menschen angeflogen, aber am Ende wurde nichts durch Gedankenaustausch gewonnen. Das alles ließe sich durch andere Formate bereits ersetzen, ohne die Notwendigkeit, reisen zu müssen (Punkt 6).

Zuallerletzt werden die sogenannten Stadtbewohner auch nicht vergessen. Denen soll erklärt werden, dass ihre Arbeitsplätze von der Vielzahl an Restaurants, den Clubs, und den Parkanlagen abhängig sind. Ebenso würde sich der Stadtbewohner weniger aufregen, wenn die Straßen je nach einer Nutzung durch höhere Frequenz wieder ordentlich gereinigt, wenn den tausenden Obdachlosen eine Unterkunft gebaut und, wenn die halbe Million Europäer in Berlin als Stadtbewohner mitgezählt werden würden.

Man könnte auch nachhaltig effizient die Rekordzahl an Bundestags-abgeordneten (739), die parlamentarischen Staatssekretäre (36) halbieren und die kürzlich genehmigten 146 Zusatz„Spitzen"beamten-stellen wieder streichen. Dann sparte man jährliche Kosten in Höhe der doppelten Berliner City Tax. Aber lassen wir doch einfach mal die demokratisch gewählten Idealisten machen: nach Herstellung starrer Qualifizierungssegmetierung und automatisierter Menschenbestimmung werden wir noch sein: Niemand

1. März 2022

Im Frühjahr nahm ich mir dann einen Preistreiber vor: die Start-ups. Ich kenne die Denk- und Arbeitsweisen und Logik von Start-ups und Investoren. Dieser Text entstand einige Monate vor der Ebbe von Bewertungen durch sogenannte Venture Capital Gesellschaften, der reinen Wachstumssicht und der anstehenden Pleitewelle von Start-ups bzw. dem Ende von Neugründungen, das sich ab Mitte 2022 abzuzeichnen begann. Ein hoher Flug endet abrupt.

Der strategische Preis in der Berliner Exit-Show

Dummes Geld, Palastbau und gefährliches Pricing

Mit Beginn der Osterzeit in gut sechs Wochen müssen sich Anbieter von Attraktionen gut überlegt haben, wieviel Aufwand sie betreiben wollen, um eine 70%ige Auslastung ihrer Einrichtung hinzubekommen, damit ihnen von jedem 12. umgesetzten Euro einer bleibt, mit dem sie ihre Existenz und Zukunft sichern und der ihnen Investitionen in den Geschäftsausbau finanzierbar halten soll. Es geht um die Wiederherstellung von operativer Profitabilität nach der Corona-Zeit ohne Überbrückungshilfen. Das sind also die Prämissen, unter denen die Attraktionen künftig ihre Eintrittspreise festlegen werden. Wie weit kann man vorausdenken? Welches Risiko sind Unternehmer*innen bereit einzugehen, wenn sie ein neues Theater, eine Ausstellung, ein Museum oder nur einen Spaßraum zu eröffnen vorhaben? Welche Angstwarnungen werden wieder von der Politik zum Herbst hin beschrien? Wie viele Touristen werden nach Berlin kommen und woher? Welche Einnahmen wird man erzielen müssen, um kostendeckend mit den derzeit inflationären Personalkosten, den explodierenden Energiekosten und den Bedürfnissen der Zentralisierung von Ticketvermarktern tragen zu können? Ab welchem rechnerischen Preis diskriminieren die Attraktionen weniger betuchte Menschen und Familien mit Kindern? Wie gestaltet sich der Plan für die Attraktion autonom? Programmiert auf Profitabilität oder auf Exit? Schauen wir uns die Rahmenbedingungen an.

Die Artikel 87ff des EG-Vertrages verbieten staatliche Subventionen für die Wirtschaft. Der Staat kann sein Geld in den Ausbau der Infrastruktur investieren, um die wirtschaftlichen Bedingungen zu verbessern, darf aber nicht die Unternehmen finanziell unterstützen. Es geschieht trotzdem: Eine staatliche Bank vergibt Kredite nach privatbanküblichen

Bedingungen. Aktuell baut eine Stiftung an Nordstream2. In der Privat-wirtschaft war es z.B. Mercedes gestattet, seine Bussparte so lange zu subventionieren, bis Kässbohrer in die Knie ging. Verluste des einen oder Verluste einer Unternehmenssparte sind nicht unbedingt verlore-nes Geld. Mercedes dominiert heute den Markt für Busse. Das Geld hat dann jemand anderes, aber es ist volkswirtschaftlich nicht „verloren", betriebswirtschaftlich schon. Besonders grausam erleben spekulative Anleger im Aktienmarkt solche „Übergänge". Bei Facebook verpufften Anfang Februar innerhalb von Stunden 200 Milliarden Euro an Börsen-wert. 200 Milliarden, die aber in den fiktiven Händen derer sind, die vor dem großen Puff ihre Papiere verkauft hatten.

Es gibt Unternehmen, die so viel Geld in einen Markt blasen, dass kein gesundes Gras mehr neben ihnen wächst (Beispiel Mercedes/ Käss-bohrer). Das konnte man unter fast labormäßigen Bedingungen vor gut zehn Jahren in Sachen Zalando sehen; diese Show läuft derzeit in Sachen Gorillas, Getir, Wolt, Brings, Flink und Co. ab. Hunderte Millio-nen Euro Cash von Anlegern, die sie jeweils auf ihren Konten haben ohne jede Aussicht, in diesem Jahrzehnt profitabel zu werden. So sind derzeit Anlegergelder wie bei einer Art Pferderennen eingesetzt: Wel-ches dieser „Unternehmen" wird den Wettlauf um den 1000m-Pferde-sprint gewinnen? Es kann nur einen Sieger geben; die anderen werden untergehen müssen, schon weil sie zugleich die Gunst der Massen-kleingeldsammler verlieren. Nun ist diese Einstellung bedauerlicher-weise auch im Tourismus angekommen. Es beginnt bei der Markt- und Sichtbarkeitsbeherrschung im Tickethandel. Unternehmen wie booking.com, ticketmaster, Eventbrite, GetYourGuide oder Eventim kämpfen hier um die Dominanz dieses Teilmarktes. GetYourGuide beispielsweise war trotz hunderter Millionen Euro hineingepumpter Fremdanleger-Gelder seit seiner Gründung vor 13 Jahren noch nie profitabel. Gut 2,5 Milliarden Euro soll der Umsatz für Tickets in 2022 allein in Deutschland betragen und verspricht für die kommenden Jahre ein um 8 % jährliches Wachstum. Die druckfrischen Fiat-Gelder gehen dann spiralisiert direkt zu den Monopolisten Google, Meta und Amazon, die wiederum keine relevanten Ertragssteuern in Deutschland leisten. Unter diesen Rahmenbedingungen locken die Ticketanbieter Attraktionen zuerst mit attraktiven 10 % Provision, um ihnen dann nach erfolgter Bindung 30 % Provision abzuknöpfen. Im Wettbewerb zu staatlichen Museen, die nunmehr Öffnungstage ohne Eintrittsgelder anbieten, muss ein Museum, das ohne Subventionen auskommt, von 10 € zunächst die Umsatzsteuer abführen, dann 25 % des Erlöses an den Kundenvermittler abgeben sowie selbst sozial tätig werden, indem es Familien und Kinder und die Aktionen günstiger bepreist. Sollte trotzdem etwas übrigbleiben, gehen später davon noch einmal 30 % des Überschusses als Körperschafts- und Gewerbsteuer weg. Welchen Ur-Preis muss man also ansetzen, um sich gegen Fremdanlegergeld-Unternehmen und staatliche Einrichtungen zu behaupten?

Auf dem Weg zum Wettgewinn oder Wettverlust kann sich jeder überlegen, wie es den etwa 1.000 touristisch beliebten Spätis in Berlin und den Betreiberfamilien ergehen muss. Warum sollte es ihnen anders ergehen als den früheren Tante-Emma-Läden? Der Berliner Verbraucher entscheidet, ohne dass ihm dies bewusst ist, über die Investitionen aus einer Mischung von Exit-Fantasien und Finanzwetten, potenziert durch Gelddruck der obersten Politik und abgekühlt in einem System des politischen Stillstandes, den die Politiker von ganz unten bevorzugen.

Nicht wenige Unternehmenslenker glauben, dass man diesen Rahmenproblemen aus dem Weg geht, indem man kontinuierlich mehr Geld in die eigene Unternehmung pumpt. Diese gepumpten Mittel müssen allerdings wieder amortisiert werden. Dazu gehört die Produktentwicklung und neben einer Barreserve (und Cashflow) auch die Qualifizierung des

Teams. Wenn ein Produkt im Kern wenig taugt, dann hilft es nicht, mehr Menschen das Produkt loben zu lassen (Werbung) oder mehr Geld im Service einzusetzen. Das gilt auch für die Touristikbranche, deren Inhaber als virtuelle Touristen sich über das Desaster Berlins lustig machen können, wie „unsere Politik" an Schlechtem festhält. Es gibt immer mehr fremdanleger-finanzierte Attraktionen wie das geplante Coral World im Bezirk Lichtenberg, das tropische Fische zeigen soll; ein Schaufenster auf die Malediven mit Hintergrund Ostkreuz. Da fragt sich jeder, was denn bitte ein Berlin-Besucher oder Berliner hier erfahren soll? Das Erfolgs(finanzierungs)risiko tragen unternehmensfremde Anleger. Gleichzeitig finanziert die Deutsche KfW-Entwicklungsbank das Mesoamerikanische Korallenriff in Mittelamerika zwischen Mexiko über Belize, Guatemala und Honduras aus Steuermitteln. Auch Attraktionen, die mehr Geld in Marketing, als in die Kreation, Objektwahl oder Geschichte der Sehenswürdigkeit selbst stecken, kann man derzeit in einer Wanderausstellung studieren. Das ist so, als würde man sein Haus durch ein Bauunternehmen bauen lassen, bei dem die Zahl der Mitarbeiter in der Rechtsabteilung größer ist als die der Ingenieure.

Neue Denkweise zu Unternehmertum

Obwohl Berlin weltweit dafür bekannt ist, dass es viele Start-up-Neugründungen (500/Jahr) zu gewinnen fähig ist, wundert man sich darüber: Junge Menschen mit Ideen aus allen Ecken der Welt kommen ausgerechnet zum Umsteige-Endflughafen von Berlin, um sich im Stadtzentrum niederzulassen. Damit förderten sie kollateral ein Ansteigen der Büromieten, die sich in den letzten sechs Jahren glücklich für die Investoren mehr als verdoppelt haben. Auch die Investoren in Mietwohnungen reiben sich die Hände. Inzwischen sind in den letzten zehn Jahren gut 3.500 Unternehmen gegründet worden. In dieser Szene arbeiten heute mehr als 85.000 Menschen. Viele Milliarden Euro Kapital sind zusätzlich angelockt worden. Die Jahresgehälter der in den

Start-ups Beschäftigten steigen oft auf sechsstellige Höhe, und dennoch liegt die Fluktuationsrate der Mitarbeiter*innen dort nicht selten bei nahe 50 % (Jahrespersonalwechsel) und schnellt damit weit höher als in der eher schlecht bezahlten Hotellerie. Das verändert allerdings auch das Image von Berlin aus nationaler und internationaler Sicht. Leider sind nur relativ wenige dieser 3.500 Unternehmen profitabel. Profitabilität wäre aber die Voraussetzung dafür, dass nachhaltig Steuern gezahlt werden. Es ist gut, wenn strategisches Geld in Visionen exzellenter, digitaler High-Techs fließt. Gründer und Investoren kalkulieren aber oft nur, dass eine weitere App den Inhabern nach langer Burn-Rate und trotz stets kurzer Runway einen hohen Exit-Erlös bringt. Man kann es auch so sehen, dass Berlins Unternehmen gar nicht die Wirtschaft der Stadt fortentwickeln, sondern eine Art CAMPUS-Wirtschaft darstellen. Das erfolgreich verkaufte Unternehmen geht dann nach anderswo? Der Sprung in den Exit als einziges Lebensziel sozusagen.

Wenn man sich Berlin unter diesen Gesamtrahmenbedingungen als Stadt ansieht, stellt sich die Frage, ob die Stadt eher eine Art Legionslager ist, das die Entwicklung zu einer richtigen Stadt noch nicht gemacht hat. Attraktionen befinden sich mehrheitlich im früheren und reanimierten Stadtzentrum. Alles will dort hin. Auch ein Unternehmen, das den Tages- wie den Wirtschaftstouristen bedienstleistet, benötigt ein Büro im Zentrum. Seine Mitarbeiter wollen auch keine stundenlangen Anfahrtswege. Außerdem wird der Büroraum der Zukunft nur noch partiell genutzt, soll nah am Wohnort sein und überwiegend als erweiterte Privatwelt fungieren. Wohnraum zu organisieren, kostet heute das Dreifache von gestern. Dieser März wird vielleicht der letzte Monat des Stillhaltens sein. Noch haben Berlin und Bundesrepublik in den letzten zwei Jahren 350 Milliarden Euro in die Pandemiefolgebeseitigung als Ersatz für die sich selbst auferlegten Beschränkungen aufgewendet und können Probleme durch Gelddruck lösen. Vom ausgegebenen Geld ist nichts in Infrastruktur geflossen. In der Realität wird das Geld von allen Schichten der Bevölkerung wieder aufgebracht werden müssen. Was bleibt dann noch für Kunst, Kultur und Freizeit? Wie stark werden die Eintrittspreise ab 2022/2023 steigen müssen, um die Kostenerhöhungen abfangen zu können? Welches wird der richtige Preis sein, die Balance zwischen Ertrag, Menschen zu interessieren und barrierefreiem Zugang für alle zu finden? Wie tages- und uhrzeitdynamisch müssen die Attraktionen ihre Preise und Kosten künftig gestalten? Und was fällt den neu gewählten Farbtupfern ein? Sie errichten einen steuermittelverschwendenden Verwaltungspalast der Ideenlosigkeit. Ein neuer touristischer Hotspot im Zentrum Berlins aus Geldern, die auch unsere Attraktionen erwirtschaftet haben. Immer detailliertere Betriebserlaubnis- und Erhaltungsvorschriften denkt sich die Verwaltung in dieser Hochburg aus, damit irgendwann kein kleines Unternehmen mehr die Chance hat, die Gutachterhorden zu bezahlen und dennoch überlebenswichtige Profitabilität sicherzustellen.

Die Hufeisenhochburg des neuen
Bundeskanzleramtes als Attraktion
Das Bundesamt für Bauwesen lässt auf seiner Website erklären, dass die 52.700 qm Bruttogrundfläche für das Bundeskanzleramt benötigt werden. Ein Erweiterungsbau dieses Ausmaßes soll nur 600 Millionen Euro kosten. (Anmerkung: Noch nie wurden staatliche Bauten mit weniger als dem Doppelten der geschätzten Kosten erstellt.) Aufgaben der Zukunft in den Bereichen Energiewende, Digitalisierung, Flüchtlingspolitik oder Cyberkriminalität sollen dort gemacht werden („Hausaufgaben"). Da fragt sich allerdings der politische Laie sofort, ob diese Aufgaben der Vergangenheit bisher nicht hatten gelöst werden können. Warum verbindet man nicht Verantwortung mit Fachkenntnis? Weniger als 7 % der Bundestagsabgeordneten sind Unternehmer*innen. Oder soll hier die Beendigung des föderalen Systems hin zu einem zentrali-

sierten Staat erfolgen? Schauen wir uns beispielsweise die letzten Verteidigungsministerinnen an: Keine hat je eine Qualifikation für diese Aufgabe erworben, geschweige denn mitgebracht oder besessen. Auch Vorwärtsgehen ist ein Rückschritt, wenn man auf dem falschen Weg ist. In der heutigen Zeit des digitalen Arbeitens, flexibler Arbeitszeiten, Cloud-Datenspeicherung und Abschaffung von Mobiliar: Wozu braucht es einen solchen Bürokratiepalast? Vielleicht ist es für die gut 8,5 Millionen innerdeutschen Besucher Berlins (2019; entspricht etwa 60 % aller Besucher) wunderbar, neben den eigenen pompösen Landesvertretungsbauten in den früheren „Ministergärten" am Berliner Tiergarten zu sehen, dass dieser Apparat mit den höchsten Steuereinnahmen aller Zeiten, den meisten Abgeordneten, Staatssekretären und Spitzenbeamten aller Zeiten sowie der geringsten Quote umgesetzter Aufgaben auf internationaler Ebene das Lachen von Kriegstreibern erzeugt. Die Bundeshauptstadt Berlin bietet eine politische Fun-Reality-Show und damit eine echte Sehenswürdigkeit eigener Art. Dazu kommt nun ein Gebäude mit einer größeren Grundfläche als in dem von Nicolae Ceausescu, dem Friedensfürsten aus Transsylvanien, errichteten Palast. Das zu schaffende deutsche Palatul Parlamentului wird zehnmal größer als das Weiße Haus. Die berühmte Downing Street 10? Lächerlich dagegen. Da darf der Wirtschaftsminister erwarten, dass sich der deutsche Touristikunternehmer hier einklinkt. Wir hoffen, dass die privaten Initiativen Berlin mit attraktiven Ideen kollateral gestalten. Es ist Zeit, die eigentlichen Gestalter der Stadt in Entscheidungen einzubinden. Der Wettlauf, um den höchsten massenfinanzierten Exit-Preis mit exekutiven Bürokratiepalästen zu kombinieren, führt jedenfalls direkt in die unternehmerische Ebbe der mittelständisch nachhaltigen Unternehmungen.

22. April 2022

Die politische Frage, wem Raum gehört, gewinnt an Bedeutung. Die Zielsetzung von Bund und Land, Wohnungen zu bauen, ist zu diesem Zeitpunkt bereits auf 30 % dessen geschrumpft, was noch im Wahlkampf einige Monate zuvor Schwerpunkt gewesen ist. Im Widerspruch dazu nimmt der Staat immer mehr in Anspruch, Raum selbst gestalten zu können. Der Gegensatz zwischen privater Aufforderung und staatlichem Versagen wird bei diesem Thema besonders deutlich.

Die Präsentation und Einnahme von Raum

Maßlosigkeit bestimmt die politische Entscheidung

Es ist der Tag 100 seitdem der Berliner Senat neu konstituiert wurde und seit dem 31.März 2022 ist auch die Expo2020 in Dubai beendet. Deutschland hat sich seine Präsenz am Arabischen Golf mehr als 10 Millionen Euro monatlich kosten lassen. Anders gerechnet: der Deutsche Pavillon wurde für fast 13.000 €/qm (Pavillonfläche 4.500 qm) aufgestellt und wurde nur sechs Monate lang genutzt. Ist das also das neue deutsche Verständnis von Nachhaltigkeit? Das war jedenfalls ein Leitmotiv der 200 Aussteller auf den fast 5 Quadratkilometern des mitten in der Wüste errichteten Pavillon-Ensembles, zu dem gut 25 Millionen Menschen aus aller Welt via Flugzeug und Benzin-Fahrzeugen unter dem Expo-Motto angereist sind: „Nachhaltigkeit, Mobilität und Chancen". Der Gipfel der Widersprüchlichkeit waren die auf dem Gehweg eingefügten Intarsien wie „gender equality" direkt vor dem riesigen Pavillon Saudi-Arabiens. Na, so muss der Weg in die Hölle gepflastert sein. Immerhin können die Deutschen Tourismus-Fänger auf „actio iniuriarum aestimatoria" hoffen. Die Expo ähnelte mehr unserer gewohnten ITB, als einer traditionellen Expo. Im Deutschland-Pavillon behauptet Berlin von sich, die Stadt der Freiheit zu sein, weil man unter maschineller Bewegung zwischen eRollern, Carsharing und ÖPNV frei wählen könne. Berlin habe Visionen: der Flughafen Tempelhof sei exemplarisch hierfür ein „Urban-Gardening-Paradies". Letztere Behauptung zeigt gut die politische Realität. Berlin hat keinen Plan, was es mit dem verbotenen Flughafen machen soll. Der Senat streitet bis heute um Konzepte und das zufällig und wild gewachsene Gras wird in Dubai flugs zu einer Vision ausgeschmückt. Statt technischen Fortschritt zu zeigen, für diese 58 Millionen Euro-teure Präsentationshalle, gibt es eine gezeichnete Deutschlandkarte, auf der ein Pfeil Berlin zeigt und worauf der Besucher eine Erklärung getextet findet, dass sich Berlin am bekanntesten historischen Bauwerk (Brandenburger Tor) erkennen lasse. Außerdem sei das Symbol des Kalten Krieges (Checkpoint Charlie) sehenswert. Die Länder präsentierten ihre touristischen Reiseorte mit Abbildern von Elektroladestationen. Wieder zurück in Berlin kann man das Prinzip der Politik zur Raumgestaltung mit dem einfachen gesunden Menschenverstand immer noch nicht nachvollziehen. Daher einige Einzelbeispiele.

Öffentlicher Partizipativ-Raum als Alternative

Öffentliche Kulturund Kunsträume in Berlin sollen fortan in aufwendigen „Partizipationsverfahren" vergeben werden; etwa bei der Alten Münze im Bezirk Mitte. Für die Bestandsnutzer wird so ein mittelfristiges Konzeptdenken unmöglich.

Bereits im Frühsommer 2019 hatte der Berliner Senat zu drei Workshops aufgerufen mit dem Ziel, die bisherigen, jährlich verlängerten Zwischennutzungen zu beenden. An den drei Zusammenkünften sollten 40 Personen teilnehmen, um das künftige Nutzungskonzept zu bestimmen. Unabhängig vom tatsächlichen Bedarf sollte eine Art Konzeptutopie gefunden werden.

20 Teilnehmer wurden ausgelost. Einzige Bedingung, um die 150 € Teilnahmevergütung zu erhalten, war die Bekanntgabe der Anschrift des Teilnehmers und die Zusicherung, wirklich zu erscheinen. Theoretisch konnte also jeder Passant von der Straße mitreden bei der Frage, was sich in den Räumen künftig abspielen solle. Nicht weniger als 35 Millionen Euro Sanierungsgelder (knapp 5.000 €/qm inkl. Kellerflächen) hatte das Land Berlin bereitgestellt. Man wagt nicht zu fragen, was denn das konkrete Ergebnis dieser Partizipation geworden ist oder, ob die Ergebnisse wirklich umgesetzt werden sollen. Hier darf man wohl prophetisch glauben, dass die Ergebnisse inhaltlich eher irrelevant sein werden, und dass außerdem 2019 kein Unternehmer für eine Nutzung verpflichtet werden konnte: Denn eine solche ist erstmals für 2028 (nach Sanie-

rung) möglich. Testfrage: Wissen Sie noch exakt, was Sie vor zehn Jahren gemacht haben?

Man erinnere sich an die anfänglichen Planungen zum Start des BBI oder des Humboldt Forums. Der Berlin-Besucher kann sich also in ständiger Fiktion zwischen projizierter Kunst und Märchenstunde zu Bauten bewegen. Sicher scheint nur, dass ein Jazz-Haus entstehen soll, weil der Bund hierfür 13 Millionen Euro zuschießt. Nutzung nach Geld, statt Nutzung nach Bedarf oder Sinn. Zu den geplanten Sanierungskosten in Höhe der aktuell doppelten Baukosten für einen Neubau darf man wohl sagen, dass die Grundrechenarten im Umgang mit Steuermitteln in Vergessenheit geraten sein müssen.

Ohne konkrete Nutzer zu haben erarbeiten nun Planungsbüros seit 2020 die Grundrisse für die Fachplaner. Das kann man als Beschäftigungstherapie verstehen. Denn der Raum muss sich dem Nutzer anpassen und nicht umgekehrt. Und der Bedarf an Raum ändert sich nicht allein nach den in der Pandemie aufgezeigten digitalen Alternativen zu offline-Räumen. Auch die Anforderungen haben sich verändert. So kann man diese Partizipationsverfahren primär als reine Show-Verfahren verstehen, deren Ergebnisse sekundär sind.

Leerstand von Potentialen

„Wir geben Raum für die Zukunft Berlins" erklärt die für die obige Sanierung zuständige BIM, die die Immobilien des Landes Berlin verwaltet. Zum Stichtag 31.12.2020 gehörten dem Land Berlin

• 1.597 Gebäude und weitere
• 1.642 Wirtschaftseinheiten, die das Land Berlin in Reserve hält und außerdem
• 1.954 Liegenschaften, die das Land Berlin nicht mehr benötigt.

Das Land Berlin vermietet deswegen an Dritte 626.742 Quadratmeter in 521 Gebäuden. Zu den leerstehenden Arealen gehören auch Gebäude wie das ehemalige Haus der Statistik am Alexanderplatz, das seit Jahrzehnten in bester Lage ungenutzt geblieben ist. Allein dieses Gebäude umfasst 46.000 qm Geschossfläche. Für Berlin-Besucher, die wiederholt nach Berlin kommen, erscheint es wundersam, dass gut 50 Gebäude dieser Art in Berlin seit vielen Jahren leer stehen und den Berliner Steuerzahler belasten, während der Bund gleichzeitig Flächen preistreibend für knapp 40 € qm Büromiete pro Monat selbst fremd anmietet (z.B. in der Franklinstraße). Seit 2017 versucht Berlin, für das Haus der Statistik am Alexanderplatz einen Plan zu entwickeln. Hätte ein privates Unternehmen ein solches Haus im Zentrum von Berlin zu verwalten, wäre es längst saniert und genutzt. Die meiste Zeit ginge ihm bei der Umsetzung eines Plans zwar bei der Frage nach Genehmigung oder für das Absegnen der Nutzung immer noch dahin. Das ist man jedoch gewohnt. Denn in Berlin warten Bauherren nicht selten weit länger als ein Jahr auf eine Baugenehmigung. Dit is Berlin. Anders verglichen: Während der steuermittelverschlingende Staat immer neue Verordnungen pervertiert, zusätzliche Spitzenbeamtenstellen und Abteilungen schafft und wochenlang darüber nachdenkt, wie ukrainische Flüchtlinge empfangen und untergebracht werden können, haben sich unvorbereitete Private längst helfend organisiert. Man kann sagen, dass je mehr Aufgaben sich der Staat abseits von Infrastruktur greift, desto schlimmer steht es um die Handlungsfähigkeit einer Gesellschaft.

Was ist aus der kreativen Insel West-Berlin geworden? „Einfach machen" ist längst vorbei, weil der Raum öffentlich reglementiert wird und die Inhalte öffentlich-rechtlich vorgesetzt werden.

Der Gestaltungsraum Inhalt

Die Personalsuche für die öffentlichen Theater bestimmt der Senat. Dass das gerade 2021 mit langwierigen Suchen und für den Senat mit Niederlagen verbunden war, konnte man in allen Zeitungen lesen. Dass der Senat nun auf den Websites der Theater und Ballettschulen in der

Historienangabe einzelne Leitungspersonen löscht, gleicht einer Mischung aus Verdrängung und Scham. Man kennt diese Praxis von totalitären Regimen her, die eine Nomenklatura für Gesinnungsgenossen errichten. So gibt es in der Volksbühne Berlin zwischen den Namen von Chris Dercon und René Pollesch keinen anderen Intendantennamen auf der Website mehr. Gleiches hat der Berliner Steuerzahler bereits bei der staatlichen Ballettschule in Berlin feststellen können, als im Wahn zwischen Cancel Culture und MeToo-Zugfahrerinnen pauschal Menschen durch den Kakao der Medien gezogen wurden. Diese Brühe hat sich anschließend vor ordentlichen Arbeitsgerichten als weitgehende Erfindung Einzelner herausgestellt. Nun, auch der Bund mischt hier kräftig mit: Im fast 700 Millionen Euro teuren Humboldt Forum werden schwarze Listen geführt, wer dort so alles keine entgeltlichen Veranstaltungen durchführen darf: politische Parteien, was man sogar versteht. Die haben aber wiederum ihre Stiftungen. Sie werden, wie das Humboldt Forum auch, steuermittelfinanziert. Aber auch die Automobilindustrie steht auf der Schwarzen Liste. Warum? Wahrscheinlich, weil die wichtigste Industrie Deutschlands nicht genug gebüßt hat für den Einbau und die Verwendung von nicht nachhaltigen Antriebsmotoren. Aber auch wenn der private Unternehmende heute gegen Entgelt eine Veranstaltung im steuerfinanzierten Humboldt Forum für einen flexiblen Zeitraum innerhalb der nächsten zwölf Monate anfragt, wird er darauf verwiesen, Ende des Jahres noch einmal nachzufassen, weil die Planungen nicht abgeschlossen seien. Bei hunderten Mitarbeiter*innen, die das Humboldt Forum beschäftigt, dürfte sich doch jemand finden, der die Raumplanungen am Ende eines jeden Jahres für das Folgejahr unter Kontrolle hat oder zumindest heute eine Übersicht hat, welche Räume wann zum Zeitpunkt einer Anfrage frei sind? Weit gefehlt! Ist diese Gemeingut-Geldvernichtungsmaschinerie dann nicht wenigstens kulturell frei und inhaltsreich? Nein: Wenn sich jemand über Kreuz, Spender oder Ausstellungsinhalte negativ auslässt, dann wird unterwürfig gelöscht, gestrichen und gesperrt. In welchem Zustand ist dieses Land der Kunstfreiheit angelangt, wenn Interpretation und Auseinandersetzung mit Kritik nicht mehr geführt werden? Der Ausschluss nach vermeintlichem Gut und Böse und die Bestimmung des Inhaltes erhält angesichts der Steuermittelfinanzierung einen ganz anderen Geschmack. Die Stiftung Preußischer Kulturbesitz als eine der Trägerinnen des Berliner Humboldt Forums nimmt nur knapp 16 Millionen Euro an Eintrittsgeldern ein (2020). Die Stiftung wird 2022 ganze 370 Millionen Euro ausgeben. Allein der Betriebshaushalt sieht Ausgaben von 237 Millionen Euro vor, wovon Berlin gut 50 Millionen Euro zuschießt. Zuschüsse, die aus Steuermitteln kommen, die wiederum allein von Privaten erwirtschaftet werden. Angebracht wäre folglich eine gewisse Demut denjenigen gegenüber, die aufeigenes Risiko leisten. Was macht der Staat dann mit diesen Steuerspendern?

Die Einnahme des Raums zur Entkommerzialisierung
Dass Berlin nicht versteht, dass Steuereinnahmen die Grundlage bilden, um dem Land seine politischen Ziele und Shows zu realisieren, sieht man am Vorhaben des neuen Wegeleitsystems. Es sollen an allen Hotspots der Stadt für viele Millionen Euro Säulen aufgestellt werden (einige stehen bereits) und die Besucher der Stadt zu Sehenswürdigkeiten hinlotsen, die amtlich als nicht kommerziell eingestuft sind. Also: steuerzahlende Sehenswürdigkeiten dienen dem Aufbau der Stelen, die simultan Menschen weg von diesen Steuerquellen führen, jedoch hin zu staatlichen Einrichtungen. Man darf trotzdem nicht von grenzenloser Dummheit der Politik ausgehen, weshalb zwei Möglichkeiten im Raum verbleiben. Die erste ist, dass Berlin wieder ein reinrassiger, kommunistisch zentralisierter Staatsbetrieb werden soll; dann wäre es erklärbar, dass im öffentlichen Raum private Gesellschaften ausgeschaltet werden sollen. Oder es geht (zweitens) nur um die Dominanz eines Teilbereiches zur Außenwirkung. Denn würden nur reine Kunst, echte Kultur und

beliebte Attraktionen in der Hand Berlins sein, müssten die Besucher ein Bild der Stadt mitnehmen, das von Staatsbetrieben wie der Kulturprojekte Berlin GmbH erstellt wird. Das ist eine der vielen Staats-GmbHs, die sich in Berlin gegen Private in Position bringen. Problematisch dabei ist allerdings, wenn staatliche GmbHs von Kadern der jeweiligen politischen Führung besetzt werden, die in Wirklichkeit verlängerte Parteiarbeit machen. Woran man das erkennt?

Die Vernichtung der Guten

Nun denkt man nach Vorstehendem vielleicht, dass es immer ein paar Ausrutscher gibt, die jetzt für alles herhalten sollen. Nein: Die Kulturraum Berlin GmbH unter Betreuung der BIM als reine Staatsbetriebe mieten zu Kosten von 21 € pro Quadratmeter Immobilien einzelner Immobilieneigentümer an, um sie dann zu Spottpreisen an nachhaltig Linientreue weiterzuvermieten. Konkret hat das Land Berlin einen langfristigen Vertrag zum Rockhaus angemietet und zahlt dort seitdem mindestens die doppelte Miete im Vergleich zum Vormietvertrag an einen glücklichen Immobilieneigentümer, der sich die Hände reibt. So viel Geld hätte er im freien Markt für sein Rockhaus (www.rockhouse.berlin) nie erzielen können. Schon gar nicht hätte er seine Immobilie mit Steuergeldern saniert bekommen. Zwar wurde das Rockhaus „gerettet", aber wenn davon nur ein einziger Investor profitiert, ist das mehr als nur aktive Wirtschaftspolitik. Das Problem solcher Anmietungen ist offensichtlich, dass die Häufigkeit solcher Landesanmietungen immer stärker die Preise auf dem Markt prägt. Nun vermietet kein Eigentümer mehr gerne unterhalb jener 20-€-Grenze. Dass eine Immobilie wie das Rockhaus heruntergerockt und ein Plattenbau ist und dass sich zudem in einer eher schlechten Lage befindet, geniert ihren Eigentümer nicht mehr. Staatliche Anmietungen fördern die Preise für diejenigen, die Raum brauchen. Das war 2019, liegt also drei Jahre zurück. Was hat der Senat in der Zwischenzeit daraus gelernt? Nichts: 2021 mietet die

Kulturraum Berlin GmbH wieder eine Marzahn-Immobilie mit einer Kostenmiete von 21 €/qm für zehn Jahre an. Sie zahlt an den Eigentümer der Frank-Zappa-Straße 16 weit mehr als 7 Millionen Euro während der Erstlaufzeit des Mietvertrags. Wieder werden 7 Millionen Euro für eine heruntergekommene Platte in Marzahn verbraten, die vielleicht einen Eigenwert von zwei Millionen hatte: man hat sie ja, die Steuermittel. Die sich hieraus ergebenden Konsequenzen sind folgerichtig: Zum einen werden durch solche Mietverträge sämtliche Miet- und Kaufpreise in der Umgebung hinaufgeschraubt – aber in erster Linie für die Nischen in Kunst, Kultur und Clubs. Der Senat fördert also unmittelbar selbst das Ansteigen der Mieten für Prekariate. Damit aber nicht genug: Die Weitervermietung wesentlicher Flächen erfolgt für weniger als 1 € kalt pro Quadratmeter an Musiker, die wiederum über die Staats-GmbH ausgewählt werden, sofern die Musikeinstellung politisch passt. Kurzum: Ab 15 € Kaltmiete im Monat werden die Räume quasi verschenkt. Was das bedeutet, mag vielleicht der Kulturraum Berlin GmbH nicht wichtig sein, weil es dort um Joberhalt und Publicity geht. Man sucht dort derzeit nach weiteren Mitarbeiter*innen. Eines müsste aber einer BIM klar sein: Sie zerstört damit automatisch alle privaten Musikstandorte. Kein Haus lässt sich für 1 € pro Quadratmeter – also zu DDR-Preisen – bewirtschaften. Berlin vernichtet also nicht nur Steuergelder, lässt Preise explodieren und zerstört jede private Initiative, sondern trocknet seine eigenen Steuerquellen aus. Inzwischen ist die Einrichtung eines neuen Musikerhauses in Lichtenberg abgesagt worden. Hier hätten 500 Musiker Platz haben sollen. Die Sanierung des betreffenden Hauses in der Wollenberger Straße allerdings lässt sich unter den Bedingungen dieses Wettbewerbs mit dem Staat nie amortisieren. Solche Skandale interessieren die Politik aber nicht. Lieber werden Staats-GmbHs im gesamten Kulturbereich zur Zentralisierung der Fördermittel und Entscheidung von Verwendung solcher Fördermittel in politischen Netzwerken zum Showerhalt geschaffen.

Der kommunikative Raum

Welchen Schluss zieht man für sich selbst? Sind wir bei Lenins NEP
(New Economic Policy) angekommen, die, wie Nadeschda Mandelstam
(in: *Jahrhundert der Wölfe*) schreibt, nach seinem Hinscheiden wieder
abgeschafft wurde, oder sind wir doch schon auf dem Weg zur Kollek-
tivierung? Vielleicht leben wir nicht in einem „Jahrhundert von Wölfen"
oder Füchsen, Hyänen und Schakalen, sondern in einer Welt der ...?
Knapp die Hälfte aller jungen Absolventen will in den Staatsdienst.
Neben der Sicherheit für die Zukunft wollen sie dort etwas bewegen.
Gleichzeitig dürfen vegane Soziologen Bundesagrarminister werden,
Pazifistinnen Verteidigungsministerinnen und wenn man zwar inhaltlich
und messbar versagt hat, dafür aber genau genug gegendert hat,
während das Ahrtal untergegangen ist, darf man von dortiger Ministerin-
Verantwortungsposition das Landesumweltministerium abgeben und
ins Bundesfamilienministerium aufsteigen. Wie ist die zweite Reihe?
Unbedingt ein Level schlechter als die unqualifizierten und/oder inkompetenten Chef*innen. Na, wenn das kein Ausblick für die Zukunft
unseres Landes ist: Der oft unqualifiziert besetzte Staat will die Unternehmer lenken.

Der/die zuständige(r) Staatsdiener*in ist bei einer Zwölf-Personen-
Geburtstagsparty für die Elektrizität verantwortlich, isst die halbe
Geburtstagstorte auf und es bleibt dennoch dunkel. Was ist denn in
zehn Jahren, wenn es niemanden mehr gibt, den man lenken kann?

Gute Nacht, Deutschland.

1. Mai 2022

Zur Lösung der Bankenkrise (2008) und anschließender Krise Griechenlands (2010) haben sich die wichtigen Zentralbanken dazu entschlossen, Geld einfach massenweise zu drucken und verfügbar zu machen. Ganze 14 Jahre Gelddruck und das Revival der Modern Money Theory sollten den Eindruck verschaffen, als sei dieser Zustand dauerhaft haltbar: nicht endende Verfügbarkeit von Geld. Die Abkoppelung des Geldes von Leistung und Arbeit hat auch soziale Folgen: Warum sollte der Mensch zur Sicherung seiner Existenz den überwiegenden Teil seiner Wochenzeit in Arbeit investieren? Das Leben bietet auch ohne Arbeit viele schöne Seiten. Hier eine der Folgen.

Tag der Arbeit oder: Alles scheißegal

**Leistung verschiebt sich in das Imaginäre,
der Null-Bock-Modus greift um sich**

Eine Viertelmillion Menschen lebt von Tourismus und Gastronomie in
Berlin. Nach zwei Jahren Pandemie beklagen die gut 800 Beherbergungsbetriebe, die nahezu 20.000 gastronomischen Einrichtungen
sowie hunderte von Attraktionen, dass sie weder Berliner noch die
noch 2019 gezählten knapp 14 Millionen Besucher auslastungsgerecht
empfangen und bedienen zu können: Es fehlt an (Fach-) Personal.
Kann man dem abhelfen, indem man einfach Gehälter erhöht? Das
müsste nach dem Einmaleins der Volkswirtschaft funktionieren. Tut es
aber nicht. Das scheitert an unserem neuen Verständnis vom inzwischen bösen Wort „Leistung". Was ist also aus der Bereitschaft zum
Einsatz von privater Zeit in fremde Dienste geworden? Ihre Messbarkeit
ist nicht mehr relevant. Wofür demonstrieren dann die Menschen zum
1. Mai? Nur 1,2 Millionen Berliner der hier 3,6 Millionen Einwohner sind
noch sozialversicherungspflichtig beschäftigt. Wer erledigt künftig die
Herausforderungen in Berlin, oder warum schwindet die Lust, in dieser
Stadt etwas zu bewegen? Wird Beruf nur noch zu einem Job-on-De-
mand?

Diese Frage könnte auch genau andersherum gestellt werden. Wissen
Sie, was ein Tax Bite ist? Stellen Sie sich vor, Sie richten ein Essen für
Ihre Familie aus. Man muss es sich ganz konkret vorstellen: Im Garten
wird ein Essen aufgedeckt. Liebevoll ist es durchdacht und mühsam
vorbereitet worden. Den ganzen Tag haben Sie alles selbst vorbereitet,
um am Abend eine schöne Zeit mit der Familie verbringen zu können.
Und nun stolpert ein wildfremder Passant in die Runde und reißt mehr
als die Hälfte des aufgedeckten Mahls unter Androhung von Gewalt
an sich. Er nimmt Ihnen keinen kleinen Bissen vom Imbiss, sondern

tatsächlich mehr als die Hälfte von allem weg. Als Gegenleistung verspricht er Schutz vor weiteren Hungrigen und einen Sicherheitsdienst dagegen. Doch was passiert, wenn der versprochene Schutz ein leeres Versprechen bleibt? (Deutschland belegt z.B. Platz 76 von 78 in der Pisa-Studie: Schulausstattung digital noch hinter Moldawien.) Oder umgekehrt: Was passiert, wenn die Köche frustriert sind und keinen Aufwand mehr im Garten betreiben wollen? Was unterscheidet Unternehmer und Arbeitnehmer heute in ihrer Einstellung zu Staat und Gesellschaft? Wie steht es heute um die Bereitschaft aller Leistungsträger, an fünf Tagen in der Woche zu arbeiten? Und umgekehrt; wie sieht es für ein Unternehmen aus, unter diesen gesättigten Bedingungen aktiv zu sein. Hat es Sinn, überhaupt noch unternehmerisch tätig zu sein?

Heute ist Tag der Arbeit. Arbeit als solche sagt einem nichts. Man macht sich keine Arbeit, macht sich keine Mühe, also ein anachronistischer Tag. Als Berliner Highlight über Jahrzehnte und Anreisegrund für Gäste aus dem In- und Ausland war daher die legendäre Nacht auf den 1. Mai auf der Kreuzberger Oranienstraße. Dort gaben sich Autonome die Mühe und machten Krawall. Autos brannten, Polizei als Anti-Krawallmacherei marschierte gegen den sogenannten Schwarzen Mob auf. Touristen sahen sich die Gefechte gern aus 50 m Entfernung an. Dieses touristische Großereignis gegen Kapitalismus und Staat in zentraler Berlin-Lage hat sich in den letzten Jahren mehr und mehr nach Hamburg verlagert. Vom rein touristischen Gesichtspunkt aus betrachtet eigentlich schade. Nun werden in Hamburg hunderte Steinewerfer verhaftet, die gegen „Ausbeutung und Unterdrückung" kämpfen, wie sie es nennen. Trotzdem sollte man sich auch in Berlin die Frage stellen, was aus heutiger Sicht Ausbeutung und Unterdrückung in der Arbeitswelt sein kann?

Ost- und West-Berlin organisierten sich historisch höchst unterschiedlich bei der Interpretation des Feiertages am 1.Mai. Während in Ost-Berlin die von der SED organisierte Demonstrationsteilnahme gesellschaftliche Pflicht war, gehörte im Westen das Fernbleiben zum guten Ton. Im Osten gab es generell eine gratis Bockwurst und zeitweise sogar 5 Mark Teilnahme-Gratifikation. Die im Westen durch den DGB organisierte Feiertag ging Punkt 18 Uhr zu Ende. Im bürgerlichen West-Berlin wurden die Gehsteige hochgeklappt. Trotzdem blieb die ganze Nacht laut und hell. „Demos" richteten sich gegen den Staat. Man könnte heute allerdings meinen, dass es einen Staat nicht mehr wirklich geben kann, weil niemand mehr gegen dessen Unterdrückung demonstriert. Welches Wunder hat sich ereignet?

Wegfall des historischen Schaffens

Schauen wir uns unser aktuelles Berlin an. Die historischen 400.000 (subventionierten) Industriearbeitsplätze sind seit 1991 immer weniger geworden und inzwischen so gut wie weg. Die Grundlage dieser Industrien war in 100 Jahren zwischen 1820 und Ende des Ersten Weltkrieges gelegt worden. Berlin als preußische Hauptstadt und sein wirtschaftliches Zentrum konnte Unternehmensgründer wie die Familie Rathenau (AEG), Siemens, Halske, Schering und Borsig zusammen mit ihren großen Banken (Deutsche, Dresdner, Darmstädter) gewinnen. Philosophen wie Karl Marx wurden von ausgebeuteten Arbeitern mit wenig Freizeit, eingepfercht in kleinen Wohnräumen und in Mietskasernen mit bis zu sechs Hinterhöfen wahrgenommen. Karl Marx war schon 1848 in Paris und von dort nach London verzogen. 1943, im zunehmenden anglo-amerikanischen Bombenhagel, hatte Berlin noch 900.000 mehr Einwohner als heute. Die Goldenen 20er (Show zu sehen im Varieté Wintergarten), die nach der großen Inflation und nach Einführung der neuen Währung (Rentenmark) der Stadt einen Aufstieg in neue Höhen zu erlauben schienen, waren durch politischen Wahnsinn reine Illusion geworden. Der Rest ist ja bekannt. Berlin hat seine gesamte Industrie spätestens mit dem Wegfall staatlicher Subventionen im Westen und auch im Osten der Stadt mit dem Wegfall der DDR verloren. Zwischen 1991 und 2006 wurden 260.000 Industriearbeitsplätze abgebaut (Kabelwerk Oberspree, Samsung usw). Nur noch 100.000 Menschen von knapp 1,55 Millionen sozialversicherungspflichtig Beschäftigten (je hälftig Frauen und Männer, 340.000 davon nicht in Berlin wohnend) in Berlin gehören heute dem produzierenden Gewerbe an. Im Stadtbild erinnern nur noch die Namen einiger Eigentumswohnanlagen an frühere Industriestandorte.

Ausbeutung der Lebenszeit

Berlin spuckt sich trotzdem in die Hände und erwirtschaftet heute ein sich auf knapp 140 Milliarden belaufendes städtisches Bruttoinlandsprodukt. Berlin produziert damit zwar nur 45 % des städtischen Bruttoprodukts pro Kopf im Vergleich zu München, aber doch 70 % im Vergleich zu Paris. Damit reiht sich Berlin immerhin in die Wirtschaftskräfte von Barcelona, Athen oder Manchester ein. Aber womit „verdient" Berlin heute sein Geld, wenn es keine Industrie mehr hat? Nun ja, es ist die Kreativ- und Tourismuswirtschaft, die eindeutig die Nummer eins ist. In ihr arbeiten die meisten Einwohner. Erst danach kommen Bau- und Immobilienwirtschaft, zwei den Linken verhasste Branchen, die aber dank des politischen Kampfes gegen diese Form von Kapitalismus ermüden werden, vielleicht auch ganz zum Erliegen kommen, weil Baugenehmigungen inzwischen 18 Monate benötigen, um in Angriff genommen werden zu können. Soziale Förderauflagen und Bauqualitätsansprüche werden scheinbar unendlich hochgeschraubt. Außerdem haben klassische Büroarbeitsplätze keine Zukunft mehr, die Zins- und Materialpreissteigerungen geben diesen Branchen den Rest. Bleiben noch einige wenige Start-ups mit überbezahlten 85.000 Beschäftigten als Hoffnungsträger. Die Vielzahl der Einwohner, arbeitend oder nicht, benötigt noch einen Öffentlichen Dienst. Gut 34.000 Lehrer (durch-schnittlich 1 Lehrer pro 10,5 Schüler) können auch nicht unter die Aus-beutungsphilosophie von Karl Marx fallen. Diese Herrschaften arbeiten nur 18,5 Stunden pro Woche und bekommen umgerechnet das Vierfa-che an Gehalt eines Polizisten; trotzdem fehlen Lehrer durchschnittlich 96 Tage pro Jahr (Ferien- und Krankheitstage). Würden Polizisten sich so leichtsinnig krank fühlen, wäre dies Anarchie. Lehrer sind heute ein Sinnbild zur beruflichen Einstellung: Das Leben ist einfach schön. Schule – Uni – Schule – Pension – Exitus. Zwölf Wochen Urlaub mit bis zu 6.000 € netto und Beamten/ ÖD-Vorteile plus ein bis drei Wochen Zusatzkrankheitsurlaub. Diese deutsche Moral, die den Kindern vor-gelebt wird, steht im krassen Gegensatz zur Arbeitseinstellung in Staaten, mit denen „wir" im Wettbewerb stehen. In Japan oder in Taiwan begnügt man sich heutzutage noch mit nur zehn Tagen Urlaub pro Jahr. Wie es bei uns so anders kommen konnte, versteht man nicht, denn 1903 erstritten sich Brauereimitarbeiter drei bezahlte Urlaubstage pro Jahr. Nur der (damals noch heilige) Sonntag war frei, nicht aber der „Sonnabend". Erst mit dem Ende des Zweiten Weltkriegs gab es zwei Wochen Urlaub und ab 1963 wurde das Bundesurlaubsgesetz mit drei Wochen bezahltem Urlaub etabliert (ohne dass es einen Dritten Welt-krieg gegeben hätte).

Am Beispiel der 210.000 Beschäftigten im Öffentlichen Dienst wollen wir den Begriff „Ausbeutung" genauer untersuchen. Jedem Mitarbeiter im Öffentlichen Dienst stehen 17 „private" Einwohner in Berlin gegenüber. Staatstreu gesonnen darf man wahrscheinlich so nicht rechnen. Aber wenn man einen gebührenpflichtigen Pass-Beantragungstermin erst nach sechs Wochen bekommt, auf eine Zulassung seines Automobils drei Wochen warten muss, wenn die Übermittlung der Geburtsurkunde eines der jährlich 38.650 geborenen Berliner Kinder 12 bis 16 Wochen in Anspruch nimmt und die Ordnungshüter in Charlottenburg jährlich

101 Krankheitstage absolvieren, dann beginnt man, seinen Glauben an den deutschen Leistungswillen zu verlieren. Nun ja, von Leistenden und Ausgebeuteten wird man im Öffentlichen Dienst nur schwer jemanden finden. Will man in Berlin eine Asiatin heiraten, wartet man nicht weniger als 18 Monate, bis die Papiere beisammen sind. Als i-Tüpfelchen der Null-Komma-X-Leistung gab es dann noch die steuerfreie Corona-Prämie für die Erschwernis, öffentliche Aufgaben nicht von zu Hause aus erfüllen zu können. Klar; es gibt sie: Berufe mit besonderer Belastung wie im Gesundheitsbereich, bei der Polizei und der Feuerwehr. Es gibt auch in der Verwaltung viele engagierte Menschen. Aber ausgerechnet diese stehen am 1. Mai nicht auf der Straße, sondern empfangen die Verletzten und löschen die Brände.

Apropos Mindestlohn. Er ist nun auf dem Weg hin Zu 12 € (das waren mal DM 24.-). Allein das Wort „Mindestlohn" dürfte das Selbstwertgefühl der durchschnittlich 375.000 Niedriglohnarbeiter nicht stärken (auch wenn sie eine Klasse von nahezu einem stolzen Viertel aller sozialversicherungspflichtig arbeitenden in Berliner stellt; EU-Schnitt: 17 %; bei 15,10 €/Std. oder weniger). Sie arbeiten zur Deckung des Existenzminimums. Nehmen wir diese 12 € und multiplizieren diese mit den maximalen 176 Stunden Vollzeit monatlich, kommen wir auf einen Brutto(mindest)lohn von 2.112 €. Das ergibt netto 1.485 € in Steuerklasse eins. Zieht man noch die üblichen Rentenprodukte ab, reduziert sich das verfügbare Einkommen noch einmal deutlich. Das nicht pfändbare Existenzminimum eines jeden Menschen beträgt 1.260 € (seit 1.12.21). Die Differenz der 225 € macht die Kreditwürdigkeit des Mindestlöhners zum Mindeststundenarbeiter aus, der 19 Stunden weniger im Monat arbeitet, um das pfändungsfreie Einkommen nicht zu übersteigen. Darüber hinaus drückt der oftmalige Status des Menschen als Objekt auf Abruf auf seine Zukunftswertschätzung. Zeitarbeitsverträge machen diese Klasse noch einmal unsicherer. Natürlich stellt sich dann die Frage, ob man besser auf einen Mehrlohn verzichtet und sich 209 Stunden pro Jahr weniger bemüht. Genau das ist in der Touristik eine Prinzipienfrage geworden: angefangen mit ihren Reinigungsaufträgen, über Hotellöhne bis hin zu Sicherheits- und Kassendiensten ist die Frage der Arbeitsmoral das große Thema geworden. Einerseits kann das Tourismusunternehmen nur etwa Mindestlöhne zahlen, andererseits rechnet auch der Beschäftigte, wie er die Distanz zum Prekariat vergrößern kann. Die politische Herausforderung wird ignoriert. Der Staat kann sich ein „Weiter so" nicht erlauben. Er muss die Balance zwischen wirtschaftlichem Erfolg einer unternehmerischen Aktivität und dem Zeitengagement der Arbeitnehmer finden. Eine Frage, was sich überhaupt noch lohnt, oder die, ob Karriere und Geld überhaupt noch eine Bedeutung haben, darf sich im Wirtschaftsleben nicht stellen. Das wäre das Ende unseres Systems. Durch Inflation und Krisen wird die Antwort immer dringender. Die aktuelle Gründerquote ist wegen des Schweigens der politischen Lämmer auf weniger als 1 % gesunken, die Anzahl der sozialversicherungspflichtig Beschäftigten im Vergleich zur Gesamtbevölkerung in Berlin (34 %) bleiben erschreckend niedrig. Politik und Verwaltung werden ja wohl die Kernsteueraufgaben nicht selbst lösen.

Life statt Work

Wenn heute also von „Ausbeutung" gesprochen wird, kann man es nur so verstehen, dass die Unternehmer ihre Einkommen zwischen Januar bis August eines Jahres nicht mehr abführen müssen. Mindestlöhner wollen auch nicht 45 Jahre ihres Lebens arbeiten, um abzugsfrei die versprochenen Rentengelder zu erhalten. Die politische Kaste federt sich auch bei krassem Versagen sozial ab (Anne Spiegel, die dann einen Monat lang Sonnenurlaub macht, wenn sie das einzige Mal in ihrem Leben hätte zur Stelle sein müssen) Das sind die Maßstäbe, die ein Arbeitnehmer nach dem Gleichheitsprinzip auch für sich – wenigstens in bescheidener Volksausgabe – verlangen kann. Der Unterschied zwischen Entlassung einer Anne Spiegel und der Entlassung einer „Schleckerfrau" macht es, was früher die direkte Unterdrückung der Arbeitnehmer ausmachte. Heute ist es die simple Ungerechtigkeit. Und diese Ungerechtigkeiten setzen sich auch auf anderen Gebieten fort: In der Kommunalpolitik soll nicht der ÖVNP im Wettbewerb zum Automobil besser gemacht werden, sondern das Autofahren erschwert werden.

Nun könnte man meinen, dass die Erhöhung von Gehalt dazu führen müsste, dass die Menschen mehr Lust auf Arbeit und Identifikation mit dem Unternehmen bekommen. Man sieht es an den 85.000 Beschäftigten von Start-ups. Dort liegt die Jahresfluktuationsrate bei 50 %. Die durchschnittlichen Gehälter eines Mitarbeitenden betragen mehr als Doppelte eines Mindestlöhners. Erfahrene Mitarbeiter erhalten in der Regel sogar 80.000 € Jahresbruttogehalt aufwärts. Gelder, die auch die Mindestlöhner durch Rentenprodukte mittelbar bereitstellen. Zusätzlich werden ESOP/VSOP-Programme aufgelegt (Employee Stock Ownership Program / Virtual Stock Ownership Program). Die Idee ist, den Schlüsselpositionen im Unternehmen virtuelle Anteile am Unternehmen zu geben, um sie zu halten. Sie motivieren aber die Mitarbeiter kaum. Leistungsbereitschaft wie sie traditionell verstanden wurde, hat sich durch den Einsatz für die Verbesserung der Lebensbedingungen der nachfolgenden Generationen komplett verändert. Die Veränderungen haben mit Arbeit und Leistung nichts mehr zu tun. Arbeit ist auf einen marginalen Teil des Lebens reduziert und eher als Gesellschaftsereignis umfunktioniert. Man „konsumiert" sozusagen den Kontakt zu Kollegen, um seine sozialen Tages- und Monatsbedürfnisse zu befriedigen. Dieses Arbeitsverständnis tendiert hin zur Vergesellschaftung von Raum, Leistung und Unternehmen. Dabei ist das amerikanische Modell der Selbstüberlassung des Menschen wohl ebenso wenig eine Lösung wie der raumfressende Kommunismus. Die Motivation jedes Einzelnen und die Förderung von Stärken bleibt außen vor. Der Rhythmus der Minderheiten, das Quoteln nach Utopie in bürokratischer Aristokratie ist Gift für das Überleben unserer Gesellschaft. Leistung mit Beteiligung an Unternehmenserfolgen bei gleichzeitiger Halbierung der Aktivitätsfelder des Öffentlichen Dienstes in GmbHs oder als „Wettbewerber der Freizeit" könnte ein erster Ansatz sein, Menschen zu motivieren, wieder aktiver zu werden.

Zukunft von Körper & Geist

Schon mal etwas über das Metaverse gehört? Instagram und Facebook sollen zum Jahresende komplett eingestellt werden. Künftige Lösung ist dann das Metaverse. Man lebt dann als Surrogat in einer Parallelwelt. Mit „Surrogate" sind nicht die Leihmütter gemeint, die diese Vorstellungen gebären, sondern eher die Ausgestaltung von Bruce Willis in „Surrogates". Man bleibt einfach daheim und schaltet sich zur Hochzeit mit tausenden Menschen dazu, nimmt an Sitzungen mit Teams nur als virtuelle Figur teil, steht an der Kasse im Museum als Screen und bleibt tatsächlich daheim auf dem Sofa. Man baut sich eine virtuelle Welt nach Wunsch und braucht dann auch keine Berufsbekleidung mehr oder Büromöbel, die ohnehin durch die digitalen Dokumentationen obsolet werden. Wir können also alle fett und hässlich werden und unsere Fantasien zu Aussehen, Bekleidung und Auftritt selbst wählen. Nur wird man als Weiße(r) seine Figur nicht mit dunkler Haut oder Dreadlocks ausstatten dürfen: sonst wird man aus diesem Leben gecancelt. Vielleicht gestalten wir auch hin zu einer Matrix, in der der Mensch nur träumt und sehr wenige tatsächlich leben. War die klassische Unterdrückung nicht etwas Schöneres?

Fazit: es gibt sie noch: viele leistungsbereite Menschen in allen Bereichen in dieser Stadt. Aber wer arbeitet in der Zukunft noch für die stärkste Kraft Berlins (Tourismusindustrie)? Jedenfalls immer weniger Menschen. Der Letzte räumt die Welt auf, sozusagen (Wall-E). Davon sind wir weit weniger entfernt, als wir denken. Die Mai-Demonstration brennt dann nur noch auf Google Culture, während die Präsidentin der EU noch immer offline mit einem ausgedruckten Frageformular in andere Länder reist, damit hyperbürokratisch irgendwann über eine Aufnahme ins EU-Museums-Land entschieden wird.

4. Juni 2022

Die Existenz des Menschen beruht materiell gesehen auf der Sicherung des täglichen Lebensbedarfs. Nur wenn Ernährung, Wohnen und Erholung grundsätzlich gesichert sind, werden Systeme Bestand haben können. Nun aber kratzt die Realität an jener Existenzsicherung.

Verfall des Geldwertes

Wie demokratisiert man Vertrauen?

Es gibt eine Wasserlinie für Unternehmer bei der Steuerung ihrer Finanzen. Diese Wasserlinie sind die Fixkosten. Sind diese höher als der Cashflow an Netto-Rohertrag hergibt, ertrinkt er. Seine Fixkosten steigen derzeit erheblich. Sogar die Raumkosten werden mittelfristig durch höhere Mieten und kurzfristig explodierende Betriebs- und Nebenkosten in die Höhe gehen. Zudem steigen die Personalkosten, nicht allein wegen der Erhöhung des Mindestlohns, sondern wegen des Bedarfs der Mitarbeiter, ihrerseits für teurer gewordenes Leben zu arbeiten. Kein Unternehmen kann ignorieren, wenn seine Mitarbeiter (z.B.) 500 € je Monat mehr für Wohnkosten zahlen müssen.

Dagegen macht die Politik nichts. Das Baulandmobilisierungsgesetz steht, die Verwaltungen begrenzen nach wie vor nach GRZ/GFZ jeden überschreitenden Quadratmeter. Hätte der Unternehmer das Sagen, hätte es längst jeden Wohnungsersteller (insbesondere die öffentlichen Wohnbaugesellschaften) aktiv aufgefordert, mindestens eine Etage mehr zu bauen und die Verwaltungsverhinderer in die Schranken gewiesen. Politik kann es also nicht ernst meinen.

Jetzt steigen auch die Zinsen erheblich an. Umgerechnet für den Anbieter touristischer Attraktionen bedeutet das: Er müsste bei gleicher Auslastung etwa 30 % höhere Preise verlangen, wenn er auf dem Ertragsniveau von 2019 bleiben will. Warum ist das so? Was hat sich so schlagartig verändert? In der Sache hat sich nichts verändert.

Es ist die Geldpolitik, die zulässt, dass Beben, wie sie Covid-19, der Russland-Ukraine-Konflikt oder Chinas Gesundheitspolitik auslösten, auch in Deutschland zu spüren sind. Der Umgang mit Geld ist es, der darüber entscheidet, ob die Narreteien der Politik die Bewohner einer Stadt belasten oder nicht.

Wenn wir als Unternehmer Kapital benötigen, um etwas zu schaffen, dann wird neben der Kapitaldienstfähigkeit des Geschäftsmodells geprüft, ob man einen Track Record vorweisen kann: also qualifiziert und erfahren genug ist, ein Unternehmen zu führen. Außerdem muss man genügend Sicherheiten bieten. Nun, in der Politik muss niemand nachweisen, dass er oder sie es kann, um Minister*in „machen" zu dürfen. Man fragt auch nicht beim Wählervolk nach Kapital nach, sondern man druckt es einfach als Geld. Geld, das lediglich Papier ist und den Menschen vorm ökonomischen Kannibalismus abhalten soll. Die Volkspower der Unternehmen und unsere Infrastruktur sind sozusagen die Sicherheit für das Tauschversprechen, das hinter dem gedruckten Geld steckt. Was passiert also, wenn Bund und Länder innerhalb von zwei Jahren knapp 400 Milliarden Euro ausgeben, Billionen-Programme neu auflegen bzw. zur „Bekämpfung" von Covid-19 und noch einmal 100 Milliarden Euro für die Aufrüstung eines museal gewordenen Militärs drucken? Nichts, solange der Glaube an die politische Zahlungsfähigkeit bestehen bleibt.

Schulden durch Fixkostenerhöhung

Kratzen wir ein wenig am Glauben: Die öffentlichen Fixkosten betragen derzeit 1.762 Milliarden Euro im Jahr (Bund, Länder, Gemeinden und Sozialversicherung). Das ist die gemeinsame Wasserlinie von uns allen, bezogen auf unser staatliches Finanzierungssaldo aus rein „betriebs-wirtschaftlicher Sicht". Jeder verantwortungsvolle Unternehmer ist nach dem Gesetz verpflichtet, insbesondere beim Umgang mit fremdem Geld vorsichtig zu wirtschaften, um nicht zwangsgelöscht zu werden. Das nennt man Gewinnerzielungsabsichtspflicht nach dem Einkommens-steuergesetz. Man erwartet, dass Unternehmer Fixkosten möglichst niedrig halten, um ihr Gesamtkonstrukt flexibel und gesund zu erhalten. Bund und Land stemmen mit den eigenen Einnahmen nicht ihre Fixkosten. Im Gegenteil: Es werden pro Jahr gut 133 Milliarden weniger eingenommen als ausgegeben. Wie kommt es trotzdem zum ausgeglichenen Haushalt? Natürlich mit jährlich neuen Schulden und damit zum Gelddruck. Ähnlich wie man in der Privatwirtschaft das Bonmot prägte, dass Geld nicht „verloren" sei (es habe nur jemand anderes), ist es bei den verlustigen öffentlichen Mitteln auch nicht verloren (es soll eben irgendeine nächste Generation zahlen).

Ende von Investitionen

Der Unternehmer kann nur das Geld investieren, das ihm nach Zahlung von Fixkosten, sonstigen Ausgaben und Steuern bleibt. Auch ein Kredit muss zurückgezahlt werden und stellt einen Teil der Fixkosten (Zinsen) dar. Liquiditätsabflüsse durch Steuern und Kredittilgung wollen auch erwirtschaftet werden. Während der Staat keine Überschüsse erwirtschaftet, weil er grundsätzlich weniger einnimmt als er ausgibt, indem er aus politischen Gründen seine Fixkosten laufend erhöht, wird er ab einem Zeitpunkt X nicht mehr ausreichend in unsere Infrastruktur investieren können. Es kann noch schlimmer kommen: Der Staat (Bund, Länder und Gemeinden) wird seine Infrastruktur – wie am Beispiel Gazprom ersichtlich – verkaufen. Der Staat muss folglich alle Fixkosten absenken, um auch wieder nachhaltig investieren zu können. In der Bundesrepublik sind die Gesamtausgaben des Bundes beispielsweise in den letzten 15 Jahren um mehr als 55 % gestiegen. Um den Geldwertverlust bereinigt (22,7 % zwischen 2005 und 2021) bedeutet dies immer noch eine Fixkostenerhöhung um mehr als ein Drittel. Stattdessen hat sich beispielsweise Berlin (als Land) 2021 ermächtigt, Kredite von 6 Milliarden Euro aufzunehmen. Der Finanzrahmen des Haushalts 2021 wird um weitere 5 Milliarden Euro überschritten. Allein der Bereich „Kultur" (was immer das sein soll) verursacht einen zusätzlichen Fehlbetrag außerhalb des erhöhten Haushaltsbudgets in etwa der Höhe der gesamten Berliner Körperschaftssteuer. Das zweite Problem mit Investitionen des Staates ist dessen zweifelhafte Kompetenz bei Planung, Koordination und Kosten. So werden aktuell allein im Parlamentsviertel fünf Gebäude saniert und/oder erweitert, bei denen die Baufertigstellungen um durchschnittlich mehr als fünf Jahre verspätet und die Kosten um 330 % (449 Millionen Euro) geradezu explodiert sind.

Doppeldummer Staat

Konservativ gesehen ist es unverantwortlich, mehr auszugeben, als man einnimmt. (Anders verhält es sich nur bei Start-ups.) In Berlin sieht man besonders gut, wie es gelingt, Personal in Staats-GmbHs fixkostenerhöhend umzubuchen. Damit werden direkt steuermittelproduzierende Privat-GmbHs angegriffen. Im Bund gibt es schon zahlreiche große staatliche GmbHs (68). In Berlin kennen wir visitBerlin, das sinnvoll ist, um Stadtmarketing zu betreiben. Aber warum muss es Souvenirs verkaufen und den Privaten so Wettbewerb bereiten? Da gibt es die staatliche Fixkostenmaschinerie Kulturraum Berlin GmbH mit ebenfalls steigenden Millionen-Zuschüssen (knapp 10 Millionen geplant in 2023), die Räume im Wettbewerb mit Privaten „verschenkt" (die sie zuvor preistreibend horrend teuer angemietet hat). Von solchen Wettbewerbs-Staats-GmbHs werden derzeit zahlreiche geschaffen. Außerdem dürfen diese GmbHs sogar die IHK infiltrieren, welche ursprünglich die „echten" Unternehmer hatte repräsentieren sollen. Es spricht auch nichts gegen Gemeinnützigkeit und Aktivitäten in diesem Bereich – im Gegenteil! Ehrenamt und engagierte Menschen sind tragende Säulen unserer Gesellschaft. Vereine und gGmbHs übernehmen zahlreiche wertvolle Aufgaben in der Gesellschaft. Dafür sind sie nicht auf Gewinn ausgerichtet und zahlen keine Steuern. Aber auch hier muss es Grenzen geben. Es schadet direkt privaten Museen und Attraktionen, wenn vollständig ohne Zuordnung auf sozial Schwächere oder Kinder eintrittsfreie Tage der staatlichen Museen für alle vermarket werden, wie am 1. Mai. 15. Mai, 5. Juni, 3. Juli, 7. August, 4. September, 2. Oktober, 6. November und 4. Dezember 2022 in Berlin. Diese Tage führen automatisch auch Stadtbesucher in staatliche Museen, die dann private (steuerzahlende) Museen nicht besuchen und damit überhaupt niemandem helfen. Es sind die vielen Einzelbeispiele:

Die Ravemore Berlin beispielsweise ist ein junges Unternehmen junger Gründer mit der Idee, selbst entwickeltes Pulver mit Mineralien und Vitaminen in Clubs für 1 € an Feiernde zu verkaufen, die dadurch gesünder durch die Nacht kommen sollen. Das kam sehr gut an, zumal die jungen Unternehmer selbst aus der Szene sind und sich auskennen. Nun ja, seit April verschenkt eine subventionierte gGmbH in jenen Clubs ein kopiertes Pulver an die Feiernden. Ravemore kann damit ihr Geschäftsmodell schlichtweg einpacken. Niemand gibt Geld für etwas aus, das der Staat gratis verteilt. Das ist logisch. Damit wird ein weiterer Bereich der Steuerproduktion – also die Einnahmeseite des Staates – reduziert und gleichzeitig werden die Ausgaben des Staates für Partypulver und Verteilungspersonal erhöht. Doppelt dumm. Eigentlich müsste man denken, dass sich ausgebildete und logisch denkende Einzelpersonen für Vernunft gewinnen lassen würden. Tatsächlich ergeben viele einzelne intelligente Menschen aber offensichtlich einen großen inkompetenten Haufen. Sein Werkzeug ist das Geld, mit dem er töricht „wirtschaften" kann.

Politischer Zeitdiebstahl

Geld ist nichts anderes als ein Versprechen des Geldscheinausgebers, einen Gegenwert auszuzahlen, wenn man diesen benötigt. Nun, nach einem Jahrzehnt des Gelddrucks, um Krisenfolgen und nicht deren Ursachen zu bekämpfen, ist die Geldmenge explodiert. Der Staat könnte seine Versprechen gar nicht erfüllen, wenn er es heute müsste.

Nur ist die Geldmenge derart angewachsen und ihre Verbreitung so ausgedehnt, dass nirgends auf einmal die Gegenleistung für die Scheine abgefordert wird. Geld verliert also erst einmal nur theoretisch an Wert. Inflation nennt man das, was man in Supermärkten spürt. In der weiteren Praxis liegt knapp die Hälfte des Vermögens vermeintlich sicher bei Banken auf Spar- und Tagesgeldkonten. Man muss das einmal nachrechnen: der Arbeiter bekäme für eine Stunde Arbeit 20 €. Davon spart er 5 € für die Zukunft. Er spart also seine Anstrengungen von heute für spätere Freizeit und Sicherheit. Bei einer gemessenen Inflation von derzeit 7 % (tatsächlich dürfte sie bei 10 % liegen), verliert der Arbeiter unmittelbar von der gesparten Zeit, aber erst viel später. In fünf Jahren ist die Hälfte seiner Zeit quasi verschwunden, aber er merkt es heute nicht.

Was also in den Medien als großer Nutzen für den Staat erklärt wird, ist in der Realität ein direkter Zeitdiebstahl in der Zukunft, der am sogenannten Fiat-Geld gemessen wird. Schuldig am Diebstahl ist die Politik, die ihrerseits wieder kürzer denkt, nämlich bis zur jeweiligen Wiederwahl. Im Gegensatz zu Unternehmern ist der Rhythmus ein Zwang zur Vernunft auf maximal ein Jahr innerhalb der Legislaturperiode begrenzt (ein Jahr Einarbeitung, 17 Wahlen während einer Legislaturperiode). Mit dem Wertverlust des Staatsgeldes wird die Unvernunft der Ausgaben nicht aufgefangen. Der Staat wächst ja weiter. Neuerdings gibt es separate „Sondervermögen". Was früher die Bundesbahn mit ihrer Transportwirtschaft war, wird heute sogar die Bundeswehr, die doch hoffentlich keine Räuberbande werden soll, um Einnahmen zu schaffen. Der Staat schiebt inzwischen auch echte Finanzbelastungen in seine Gliederungen wie die Bundeswehr ab, erhöht dort die Kosten und macht sich den Weg frei für neue Schulden, weil seine Einnahmen immer weniger ausreichen. Die Deutsche Bahn beispielsweise mit ihren Milliarden-Verlusten denkt nicht daran, Mitarbeiter*innen abzubauen, sondern will 100.000 Leute zusätzlich einstellen und beschäftigt schon heute gut 320.000 Menschen. Sie mietet dafür sogar heute schon riesige Bürogebäude preistreibend an. Obwohl die Bahn 25 % ihres Schienennetzes seit zwanzig Jahren abgebaut hat, sind im selben Zeitraum 50 % mehr Mitarbeiter eingestellt worden. Offenbar bringen auch Digitalisierung und die Millionen-Ausgaben an die wachsenden großen Unternehmensberaterhorden mit Software-Verkaufsevents hier rein gar nichts. Würde man stattdessen ein Drittel aller Bahnmitarbeitenden entlassen (insbesondere im mittleren Management), verschlechterte sich bei der Bahn in der Leistungsbilanz nichts. Immerhin kommt heute immer noch jeder dritte Fernzug zu spät an. Es reichte aus, die Laber-Projekt-Arbeitsgruppen gegen Entscheider-Strukturen zu tauschen. Ebenso könnten von heute 103 Politikerversorgungseinrichtungen (Krankenkassen) gut 100 gestrichen werden. Die Bürger würden nicht schlechter betreut. Es wäre eine echte Befreiung. Wenn man sämtliche wettbewerbswirtschaftlichen Aktivitäten des Staates also verbieten würde, könnten Ressourcen für infrastrukturelle Herausforderungen für Soziales und Ökologie gestärkt werden. Die Politik macht ihre Arbeit also nicht.

Demokratisierung von Geld

Die Lösung wäre aber auch hier ganz simpel. Es könnte eine Volks-Digitalwährung geschaffen werden. Was die Afrikaner derzeit mit einer Kapital-Frontex verlangen (Kontrolle und Blockade interkontinentalen Geldes auf ausländischen Konten), könnte man hinsichtlich der Steuermittel ebenso schaffen. Sozusagen wie die Trennung von Staat und Religion. Man muss unverantwortlichen Politikern ein Budget geben. Dieses Budget wird vom Volk gewählt. Mit diesem Geld muss der Staat schlichtweg auskommen. Ganz schnell würde alles, was der Private besser machen kann als der Staat, auch nur noch der Private machen. Man müsste plötzlich nachhaltige Infrastruktur planen, statt Geld zu drucken, wenn man Lockdowns anordnet. Man wäre gezwungen, Bildung und Verwaltung zu digitalisieren, um exakt zu wissen, wie die Zahlen aussehen und wo konkreter Bedarf besteht. Außerdem könnten Intermediäre abgeschaltet werden, die Gebühren für Unternehmens- gelder nehmen, ohne hieran in irgendeiner Weise einen produktiven Beitrag geleistet zu haben. Von den heute in der EU existierenden rund 4.500 Banken und 34.000 Bankfilialen werden wohl gut 80 % in den kommenden fünf bis zehn Jahren verschwinden müssen. Digitale Währungen – auch ein EZB-Coin – werden viele Bankdienstleistungen obsolet machen. Dezentral, ohne Führung, mit begrenzter Geldsumme und unkaputtbar ist dafür beispielsweise Bitcoin geeignet. Heute noch zu volatil und Spekulationsobjekt, wird sich Bitcoin in den kommenden Jahren gegen andere Kryptowährungen durchsetzen und stabilisieren. Es kann aber auch eine andere Volks-Währung sein. Der Staat hätte dann volle Konzentration auf Infrastruktur, die nicht in die private Hand gehört, und könnte sich außerdem erheblich verschlanken und damit wieder Steuern einnehmen, die die Privaten erarbeiten. Und was passiert nach San Salvador nun in Afrika?: die Zentralafrikanische Republik führt ebenfalls den Bitcoin als Währung ein. Logisch, denn abhängig von ehemaligen Kolonialmächten wie Frankreich bei der Bewertung von Geld zu sein oder seine heimische Währung ständig von der IWF abgewertet zu bekommen bzw. höhere Zinsen für Schul- den zahlen zu müssen, knechtet die Länder der sogenannten Dritten Welt. Niemand will Finanzsklave von Gelddruckregierungen sein. In Afrika nutzen riesige Regionen schnelleres Internet, als in Deutschland und außerdem wartet eine junge Bevölkerung, die Korruption abstreift und sich modernisiert.

Soziale Folge des Gelddrucks ist der Leistungsabfall

Heute ist es immer noch so, dass sich durch die EZB-Geldschwemme alle Menschen daran gewöhnt haben, dass Geld eine unendlich verfügbare Ressource sei. Das ist sie aber nicht, Geld ist nur eine Theorie. Es ist ein Versprechen, das auf Vertrauen in die Ehrlichkeit des Versprechenden beruht und das nun alle teuer bezahlen, weil es nicht gehalten werden kann. Es gab schon immer Gründe für die Behauptung, dass die Dotcom-Blase 2000, die Finanzkrise von 2008/2009, die Griechen 2012, Covid-19 2020 und nun die Russen 2022 Schuld am Aufblähen der Geldmenge hatten und haben. So ist es aber nicht wirklich. Wahrer Grund sind ideenlose Politiker, die infrastrukturfremd ihr Bundeskanzleramt baulich erweitern (53.000qm), um tausende zusätzliche Staatsdiener zu beherbergen. Deutschland leistet sich nach China das zahlenmäßig größte Parlament der Welt. Wie bei der alten Aristokratie steckt nicht viel Verstand hinter dem Beton: Nutzlose Lockdowns haben sie veranlasst. In Berlin bleibt es besonders krass: Staats-GmbHs greifen in den aktiven Wettbewerb ein, wobei sie jährlich hunderte Millionen Euro Verlust erwirtschaften. Allegorisch gesprochen: Sie verursachen für die Unternehmerwirtschaft einen Waldbrand.

6. Juli 2022

Natürlich müssen Minderheiten Schutz finden und sich ausleben können. Wie weit aber darf dieser Schutz gehen? Nicht zuletzt wegen der Woke-Bewegung oder Cancel Culture, bei denen alles verboten werden soll, was zu anderen Zeiten normal war und zur Kulturverständigung beigetragen hat. Nicht einmal die Übernahme von Gepflogenheiten oder Auftritt von Minderheiten oder Unterdrückten der Vergangenheit sollen erlaubt sein. Würde man diesen Gedanken auch in der Sprache gewähren lassen, gäbe es mehr als die Hälfte unserer Vokabeln nicht. Wir würden verdummen bzw. wären rückständig geblieben. Müssen wir nun eine neue Bücherverbrennung befürchten? Winnetou ist kürzlich verboten worden. Die richtige Balance zu finden, wird eine der großen global-gesellschaftlichen Herausforderungen der kommenden 15 Jahre.

Der Monat nach Gay und in weiblich

Wie wir alle in die Pflicht genommen werden sollen

Von Römern lernen, heißt Siegen lernen! Spätestens seit der Christen-
verfolgung hat es einen anerkannten Unterhaltungswert, Minderheiten
gegeneinander antreten zu lassen. Nichts anderes illustriert die folgende Begebenheit: Als sich ein männlicher Journalist kürzlich bei
einem Hamburger Verlag bewarb, sollte er den Posten nicht bekommen. Grund: Es waren wohl zu wenige Frauen im Verlagshaus ange-
stellt. Nun, der Journalist wand ein, dass er immerhin schwul sei. Als
Minderheit müsse er deshalb mindestens gleichberechtigt zur weiblichen Kandidatin gelten. Das reicht heute aber im Vergleich zu Frauen
nicht mehr aus. Nun ist er auch Ausländer: aus Österreich. Dieser
Einwand wurde nicht akzeptiert, weil Österreich ja nicht wirklich Ausland
sei. Der dann folgende Disput über die Frage, ob Österreich Teil einer
Großmacht Deutschland sei, führte letztlich zur Akzeptanz des Auslän-
derstatus. Der schwule Ausländer erhielt schlussendlich den Job im
Vorzug gegenüber einer deutschen Frau.

Natürlich ist das weibliche Geschlecht keine Minderheit in unserer
Gesellschaft. In einigen Berufen und Positionen jedoch sind Frauen
schlechter repräsentiert und damit formal Minderheiten. So manche
Bevölkerungsgruppen wünschen sich Frauenrechte mindestens zwei
Jahrhunderte zurückgesetzt. So wie der US-Supreme Court, der
fünfzig Jahre rückwärtsgedacht das Recht der Frauen auf Abtreibung
gecancelt hat. Und es ist auch klar, dass der Zuzug von Menschen,
wiederum neue Kulturen in ein Land bringt. Wenn die meist männlichen
Menschen 2015 aus Syrien, Afghanistan oder Irak nach Deutschland
kommen, dann bringen sie wiederum auch ihre Vorstellung von Moral
in ein fremdes Land. Unsere Sitten sind für sie Arkane. Plötzlich werden wieder Schwule oder Trans-Menschen auf der Berliner Sonnen-

allee angegriffen. Dann kommen wiederum Erinnerungen an die leidvolle Vergangenheit auf. Was setzen wir dem entgegen und wie weit darf Minderheitenschutz gehen? Ein neues Punkte-System bewertet den Zugang zu Spitzenpositionen und abhängiger Berufsausübung im Allgemeinen. Wird der Mensch gar zur Pflanze degradiert, weil die Unterschiede zwischen Mann und Frau anzuerkennen verboten wird? Muss heute ein Unternehmen als Existenzberechtigungsgrundlage Regenbogen in das Firmenlogo einbauen? Viele Menschen bewegen sich in den Sommermonaten nach Berlin. Dem Besucher zeigt sich eine doppelt diverse Stadt. Es lohnt sich im Prinzip immer, und in Berlin doppelt, nach den Fragen und Antworten zu bohren, zumal das Internet und die sozialen Medien jedem Menschen Sichtbarkeit und Lautstärke verleihen. Die weniger Aktiven fallen plötzlich zu Minderheiten der Sichtbarkeit ab.

Historische Last als dunkle Vergangenheit und Heute

Erst 1994 wurde der § 175 StGB abgeschafft. Bis dahin verurteilten alle Systeme von Kaiserreich, Weimarer Republik, Drittes Reich, aber auch die Bundesrepublik zu 10.000en homosexuelle Männer aufgrund ihrer „widernatürlichen Unzucht". Zwar versuchte man in der Weimarer Zeit, die „einfach Homosexuellen" straffrei zu stellen, doch im Dritten Reich landeten viele auch nur als homosexuell Verdächtigte in Konzentrationslagern. Frauen hingegen passten als „sexuell Passive" nicht unter den Straftatbestand. Das Wort „Lesbe" wurde erst in den 1970ern zum Schimpfwort. Das Bundesverfassungsgericht sah noch 1957 in der Homosexualität kein Recht auf Freie Entfaltung der Persönlichkeit (Art. 2 Abs. 1 GG). So versteckten sich Homosexuelle in Scheinehen. Der Massenmörder aus den 70ern, John Wayne Gacy, tötete in den USA 33 junge Männer und niemand hegte Verdacht, da „schwule Männer nicht vermisst werden". Am 28. Juni 1969 fand eine Ausschreitung anlässlich der Polizeikontrollen und Beräumung der Bar Stonewall in der Christopher Street im Stadtviertel Greenwich Village (New York) statt. Der Rest ist Geschichte. Man kann sich also vorstellen, wie sich heute 44-Jährige und Ältere fühlen müssen, die noch als „175er" bis 1994 der Strafverfolgung ausgesetzt waren.

Wie komfortabel in Deutschland und Europa (ungleich EU; Grüße an Herrn Orbán) gleichgeschlechtlich gelebt werden kann, sieht man auf der Weltkarte. Schaut man sich die Weltkarte der schwulenfeindlichen Länder an, stellt man fest, dass die aktuelle Tendenz sogar hin zu Verschärfungen führt, die auch Lesbian, Trans, Bisexual und Intersexual repressiver verfolgt. Seit 2013 sind knapp 1,4 Milliarden Menschen auf dieser Welt zusätzlich unter strafrechtlicher Verfolgungsandrohung gestellt: in Indien. In einigen muslimischen Ländern gilt die Todesstrafe. Von 200 Ländern der Welt gelten 72 nach wie vor als homosexuellenfeindlich. Vielleicht schickt man die mit 4.000 Schwulen befüllten Gay-Cruises mit dem fortschrittlichen Bildungsauftrag zu Landgängen nach Kingston oder Maskat. Deshalb macht es jedenfalls Sinn, in Berlin zu leben oder diese Stadt zu bereisen oder hier zu bleiben. Immerhin leben in Berlin geschätzte 350.000 Homosexuelle. Berlin zählt damit im Verhältnis zur Bevölkerung zu den größten schwulen Städten dieses Planeten. In den 1920ern entwickelte sich Schöneberg rund um die Motzstraße zum Hotspot mit zahlreichen Bars und Clubs. In der Motzstraße findet traditionell jährlich eine Woche vor dem CSD das SchwulLesbische-Straßenfest statt (so am 16./17. Juli 2022). Inzwischen kommen hunderttausende Teilnehmer und Besucher zum Berliner CSD (so am 23. Juli 2022). In der DDR hatte Berlin-Ost ihre Charlotte von Mahlsdorf mit Netzwerktreffpunkt in Mahlsdorf und kleinen Standorten am Alexanderplatz. Mit kurzer Unterbrechung in den 90er-Jahren, als der Versuch unternommen wurde, auch in Prenzlauer Berg ein Schwulenviertel aufzubauen oder in Neukölln, konzentriert sich heute nahezu alles in Schöneberg. Mit Klaus Wowereit hatte Berlin ab

2001 dreizehn Jahre lang einen offen schwulen Bürgermeister. Berlin hat die als „Schwulenpest" von 1981 bis 1983 bezeichnete Infektionskrankheit HIV gut überstanden. Während viele andere internationale Städte Vergnügungsorte mit Alkoholverbot versehen, verlernen in Berlin gerade junge Leute entsprechende Vorsicht. Durch PrEP, so der Glaube, lasse sich auch ungeschützt gefahrlos verkehren. Außerdem ist die Lebenserwartung von HIV+ Menschen in Deutschland mittlerweile höher als HIV-), weil Infizierte ihre Körper dauerhaft überwachen. Braucht es denn überhaupt einen Sonderstatus für Homosexuelle bei so viel Freiheit? Müssen homosexuelle Menschen aufgrund einer historischen Last oder aufgrund der Beschränkungen in dutzenden anderen Ländern hierzulande besonders geschützt werden? Ist Sexualitäts- und Geschlechterfreiheit glücklicherweise nicht längst in unserer Gesellschaft anerkannt und angekommen?

Where to sex in Berlin
Knapp 18 Millionen Menschen in Deutschland sind verheiratet. Zieht man Homosexuelle, Minderjährige und Witwer*innen ab, kann man sagen, dass jeder Zweite in Deutschland heiratet. Seit 2017 dürfen Homosexuelle ebenfalls heiraten. Erst knapp 60.000 Menschen haben sich verpartnert oder geheiratet (knapp 9 % aller homosexuellen Erwachsenen). Daraus kann man folgern, dass homosexuelle Lebenspartnerschaften üblicherweise nicht so lange halten, wie heterosexuelle. Es geht ehrlicherweise oft um Sex und die ewige Suche nach dem besseren Partner oder der besseren Partnerin. Schwule Männer suchen sich die Reiseorte nicht allein nach Wetter und Kultur aus, sondern auch danach, was das schwule (Sex-)Leben oder die Vorstellung von Sex am Reiseort bereitstellt. Dazu gibt es zahlreiche gay-Reiseführer. Berlin bietet eine ganze Menge an: eine der größten und modernsten Saunen steht, zahlreiche Schwulenbars in der ganzen Stadt mit Konzentration auf Schöneberg entfalten frei und offen ihre Konzepte. Es gibt sogar

noch im Schwulen-Kiez offline Prostitution – wenngleich die online-Möglichkeiten starker Wettbewerb geworden sind. Dann sind da noch die fast 200 Clubs, die allesamt Schwulen und Lesben gegenüber offen sind. Einige haben sich sogar auf das einkommensstarke Publikum spezialisiert. Beispielsweise verdienen homosexuelle Frauen im Schnitt 9 % mehr als heterosexuelle. Je höher das Einkommen, desto mehr Lust auf Sex haben Menschen. Umgekehrt lassen einige Schwulenbars keine Frauen hinein. Es gibt zahlreiche Special-Parties. Eine Bar, in denen Mann sich anpinkeln lassen kann, ist seit Jahren beliebter Ort in der Motzstraße. In großer Auswahl vorhandenen Fetish-Clubs überziehen sich Männer mit Latex oder Leder und lassen sich als Hund verkleidet demütigen. Das mag dem normalen Leser die Röte ins Gesicht treiben und die vielen Berlin-Neulinge aus muslimischen Ländern oder katholischen Regionen mögen darin gar das Böse erkennen. Es ist hier: das offene Ausleben der Sexualität in Berlin. An keinem anderen Ort als in Berlin, darf man sanktionsfrei machen, was man will. So sind eben Neigungen. Auch für Heterosexuelle gibt es sie, die Neigungsorte oder Mekkas der Hedonisten. Gäbe es die Schwulen nicht in Berlin, wäre die Stadt um einiges langweiliger.

Aufklärung, Bildung in jedem Dorf bis zu jedem Kind
Auch Dumbledore ist schwul. In jedem Dorf und in jeder Schule müsste es so langsam klar sein, dass Menschen bereits als Jugendliche gleichgeschlechtliche Neigungen haben. Vielleicht trägt Aufklärung dazu bei, die Anzahl der Suizide – jedenfalls solcher wegen sexueller Neigung – abzusenken. In der Schule jedoch darf man noch eher „schwul" als Schimpfwort benutzen, als „Zigeuner" oder „Mohr" zu sagen. Jedermann und jedefrau darf sein, wie er oder sie ist. Die Natur eines Menschen wird schließlich auch bei heterosexuellen Menschen nicht hinterfragt. Müsste man hier ebenfalls unterscheiden, wären jüngste Loblieder auf „Dicke Titten" (Rammstein) oder gar Vereine wie der Quäl-

geist Berlin e.V. verboten. Jeder Mensch hat nun mal eine Neigung und wenn diese nicht unbeteiligte Dritte in ihrer Freiheit stören und mit Menschen gleicher Neigung geteilt werden, sind sie zu tolerieren und Toleranz ist mit aller Anstrengung und Kraft zu schützen. In Schulen versucht man derweil, keine Toiletten mehr zu bauen, die nicht „Uni" sind. Mädchen und Jungen gehen auf dasselbe Klo. Geschlechterunterschiede werden sukzessive ausgelöscht.

Gefolgschaft der Unternehmen

Schaut man sich das zwangsgebührenfinanzierte öffentlich-rechtliche Medienprogramm an, wird Biologie als Wissenschaft oft beiseitegestellt. Die Beziehungen von Frau und Mann sind nur noch soziale Konstrukte bzw. gefühlte Identitäten. Wie überhaupt „Frau", „weiblich" oder „männlich" definiert werden soll, ist unbestimmt. Transsexualität ist ein neuer Standard und man müsste künftig überall jede Ausstattung von Raum und jeden Auftritt auf jede Minderheit anpassen – des Anstandes halber. Richtigerweise hat das Bundesverfassungsgericht zuletzt 2011 die Rechte der Transgender gestärkt. Fast 800 Social-Media-Accounts betreiben allein ARD und ZDF, obwohl sie Zwangsgebühren wohl nur für TV und Radio erhalten. ARD und ZDF würden keinen Monat frei ihre Fixkosten zahlen können, hätten sie die Mehrheitsgeldströme nicht in Milliardenhöhe erzwungenermaßen automatisch. Dort wird derzeit massiv und überwiegend für „Safe Places" für Minderheiten geworben – Positionsbesetzung erfolgt nicht nach objektiver Qualität eines Individuums, sondern nach Erscheinungsbild zur Verdrängung der Realität. Mehrheiten kommen gar nicht mehr vor. Das ist so, wie eine Bezirksbürgermeisterin in Berlin glaubt, dass ihr 800m-Fahrrad-Fahrweg von ihrer Eigentumswohnung ins Bezirksamt und auf dem Rückweg zu Bio-Supermarkt dem typischen Alltag eines jeden Menschen in Deutschland entsprechen müsse. Vorauseilend dazu folgen nun Unternehmen wie die Audi AG und geben eine

Gender-Richtlinie heraus, nach der alle Beschäftigten strikt kommunizieren müssen. Audi setzt seine Mitarbeitenden also zurück in die 2. Grundschulklasse. Wahrscheinlich wird man künftig entlassen, wenn man „_Innen" vergisst. Mindestens ist man (Mann) dann in der Karriereleiter gestoppt. Es könnte eine potentielle Kundin aufgrund fehlend-korrekter Gender-Sprache im Back-Office abspringen. Geht man heute zu Berliner Fahrradhändlern und fragt nach einem Damenrad, wird man angesehen, als sei man auf der Suche nach verbotenen Waffen. Es gibt nur noch „Wave"-Fahrräder. Die Buchstabiertafel ist längst für ungültig erklärt. Die Deutsche Bahn muss nun jeden Kunden ohne „Frau" oder „Mann" anschreiben und ansprechen, damit sich niemand verletzt fühlt. Sie hat sogleich einen Female-ICE eingeführt. Männer dürfen in besagtem ICE ausdrücklich nicht arbeiten. Vielleicht hat sich die Bahn dem lauten Druck von Aktivistinnen gebeugt, die bekanntermaßen nicht für alle weiblichen Menschen sprechen. So lassen sich alle Normal-Heterosexuellen einreden, dass sie abnormal sind. Muss man als Normal-Hetero nunmehr pädagogisch so lange beschallt und erzogen werden, bis man selbst überlegt, ob es vielleicht falsch ist, heterosexuell zu sein? Das machen also die Medien aus den Safe-Places: Propaganda. Der Ausschluss von Mehrheiten bzw. die Übernahme der Bestimmung des öffentlich sichtbaren Erscheinungsbildes allein durch Minderheiten von Schule über Medien ist derzeit geübte Wirklichkeit – und Unternehmen folgen unterwürfig der Meinung dieser lauten Minderheiten. Sprache wird nur noch sexualisiert zusammengewurschtelt.

Das Problem mit den Quoten und Punkten
Ab Juli sollen jetzt zum Schutze vulnerabler Gruppen Etiketten-Quoten in Verwaltungen sowie größeren Unternehmen geschaffen werden. Wenn nun Frauen in Vorstände und Aufsichtsräten mit Mindestgrößen gezwungen werden, folgen dann sexuelle Orientierung, Hautfarbe und

Geschlechterwahl? Warum soll Frauen die Tür aufgehalten werden und nicht stattdessen eine Infrastruktur sichergestellt sein, die selbst ein unabhängiges Alleinleben ohne Partner*in ermöglicht? Eine ähnliche Quotenregelung für Angestellte der Müllabfuhr oder der Kanalreinigung wird bisher allerdings nicht öffentlichkeitswirksam in den sozialen Medien gefordert (#Mülltoo). Sollen auch umgekehrt 50 % aller Hebammen männlich sein? Dürfen künftig Sport-Nationalmannschaften nur dann antreten, wenn sie eine schwule, lesbische, trans- oder intersexuelle Quote erfüllen? Müsste dann beispielsweise eine Basketball-Nationalmannschaft nicht nach Talent, Körpergröße und Siegesaussicht, sondern nach Wohlfühl-Gerechtigkeitsquote antreten? Quoten sollen Benachteiligte schützen. Werden aber nicht gerade dadurch automatisch auch die Leistungsstärksten ausgeschlossen und schüren nicht gerade Quoten den Hass derjenigen, denen durch Quote und Punkte Zugang zu ihrer Lebensentfaltung trotz Spitzenleistung und Talent verwehrt wird? Zusätzlich zu Altershierarchien in Verwaltungen sieht man es in sich radikalisierenden nordafrikanische Ländern und auch in Deutschland, dass nicht nach Leistung oder Bildungsstand ausgewählt wird, sondern eben nach Seilschaft und Gruppenzugehörigkeit. So haben exzellent ausgebildete Nordafrikaner in ihren dortigen Ländern kaum Zugang zu Führungspositionen.

Es sind die Staaten selbst, die unfähig sind, beispielsweise Kindergärten beruflichen Arbeitszeiten hin anzupassen und allen Geschlechtern freie Entfaltung zu ermöglichen. Was kommt als nächstes in diesen globalen Dörfern? Quoten für empfundene Geschlechter? Hautfarbe, Religion, Intelligenzquotienten inkl. der doppelten Ausrichtung für alle sonst körperlich oder geistig Benachteiligten? Verspielen wir mit solchen politischen Momenten nicht unsere Zeit, wirklich Substantielles zu schaffen? Nehmen wir dann jeden oder jede noch so leistungsschwache Person, nur um eine Quote zu erfüllen und nicht gesellschaftlich oder sonst bestraft zu werden? Die gefühlte Größenordnung von Transgender beispielsweise beträgt 5 % der Bevölkerung. Tatsächlich geht es nur um maximal 0,3 % in der Realität. Bisexuell ist auch nicht jeder Zehnte, es sind nur 1,3 % der Bevölkerung und schwul eben auch weniger als 2 %. Man schafft aufwendige Sonderlösungen also für gefühlte 30 % der Bevölkerung (was ein signifikanter Anteil wäre), bei tatsächlich weniger als 4 % der tatsächlich betroffenen Bevölkerung. Wie weit darf Minderheitenschutz also gehen? Dürfen 4 % einer Bevölkerung Rhythmus der übrigen 96 % vorgeben? Haben die 4 % nunmehr unabhängig vergleichbarer Wettbewerber eine leistungsunabhängige Positionsvorrang-Garantie? Immerhin wird man bei einer Quotenhürde nun seine Geschlechteranerkennung monatlich wandeln können, um die Frauenquote formal zu umgehen.

Inzwischen sollen auch Stereotypen verboten werden. Die Tante aus Marokko darf nicht mehr auf dem Kamel reiten. Was kommt dann: Darf man sein Dessert künftig nur noch als Schwuchteltraum denken, weil sonst automatisierte Bußgelder via Siri oder Alexa organisiert werden? Müsste man den Empfindlichkeitsgrad der Menschen heute messen, gefriert Wasser bei 30 Grad Celsius.

Minderheiten bestimmen die Mehrheit

Früher war Schwulsein oder Schwulzeigen verboten, heute wird es toleriert und in Zukunft zur Pflicht? All die Projekte und politischen Bildungsprogramme funktionieren nur deshalb heute noch trotz fehlendem Verstand, weil bisher Gelder anderer ausgegeben werden. Das ändert sich nun, wenn das Geld leistender anderer Menschen nicht mehr kommt und nicht einfach gedruckt werden kann. Kommt dann Vernunft zurück? Nur Vernunft gibt dem Menschen in einer komplexen Welt die Sicherheit, richtig zu liegen. Ein unbedeutender 0,3 % Anteil an einer Gesellschaft soll zur Normalitätsoption deklariert werden. Die

Phase der grenzenlosen Toleranz ist selbst unter den Minderheiten für beendet erklärt. Homosexuelle durften wenigstens über andere Minderheiten Scherze machen und auch sich selbst aufs Korn nehmen. Inzwischen werden sogar Schwule, die sich schwarz anmalen und als dicke Café-Verkäuferin lustig machen, insgesamt von den Monopolisten Amazon (Prime) schlichtweg gecancelt. Man kann die Serie des „Little Britain"-Ablegers „Come Fly with Me" noch nicht einmal mehr gegen Entgelt schauen.

Wir müssen aufpassen, dass unserer Gesellschaft die Balance der Toleranz gegenüber Minderheiten nicht zu dem sich über die Normalität der Biologie hinwegsetzenden Zwang gerät, jede Minderheit als Pflichtbestandteil des sozialen Lebens anzunehmen und sich derart einzuschränken, dass sich niemand mehr zu lachen traut. Wenn Leistung und Talent nicht sichereren Zugang zur Ausübung eines Berufs und der freien Entfaltung seines Ichs bedeuten, dann geht eine Gesellschaft mittelfristig unter; Chancengleichheit ist dann tot, wenn Positionen nach Geschlecht, Hautfarbe oder Sexualität vergeben werden. Denn von Leistung, Talent, Kreativität, Fähigkeiten und Kenntnissen Einzelner bzw. der objektiv Besten profitieren auch alle naturgegeben Schwächeren und Anderen. Quoten in Köpfen jedenfalls führen dazu, dass man lieber 3 Milliarden an Ölkonzerne zahlt, statt Ladenetze zu bauen oder 2,5 Milliarden für ein 9-€-Herdenimmunitäts-Ticket verpuffen lässt, statt Brücken, Schienen und Bahnhöfe zu bauen oder Züge zu kaufen (wobei natürlich eine Massenimmunisierung durch das 9-€-Ticket mit anschließender Insel-Isolierung (Sylt) keine schlechte Idee ist). Letztlich geht es um Mathematik. Niemand kann sich über Zeit Konstrukte ausdenken, Etiketten und starre Quoten schaffen, ohne dass eine gesamtgesellschaftliche Verblödung und Leistungsschwächung eintreten. Toleranz und Freiheit sind wichtig.

Bei Zwang reduziert man diese vernünftigerweise auf das, was der Mensch in der Realität ist: naturgemäß so, wie er ist. Das ist das einzig richtige Maß.

17. August 2022

Politik und Verwaltung sind geschaffen, um die Bedürfnisse der Menschen in großer Zahl im Rahmen einer gegebenen Verfassung zu befriedigen. Mehr noch: Verwaltung ist Dienstleisterin der Bürger und Unternehmen und nicht Hoheit mit der Befugnis, eigene Vorstellungen anderen überzustülpen. Das Gegenteil ist jedoch der Fall. Verwaltung sieht den Bürger und Unternehmer grundsätzlich als lästigen Gegner. Zeit, Menschen in Verwaltung und Politik darzulegen, wie wenig ihr Beitrag ist, unsere Welt besser zu machen.

Mit vollem Elan nach Berlin

Abgeschminkte Utopie in kürzester Zeit: die Verwaltung

Berlin im August ist herrlich einladend. Menschen tummeln sich auf allen Straßen. Wie in Paris sind die Cafés offen, alle Farben in den Gesichtern und der Geruch von tropischer Gelassenheit durchkämmt die eigene Frisur. Der CSD am vergangenen 23. Juli 2022 war ein voller Erfolg. Selbst die private Rave-the-Planet-Parade am 9. Juli 2022 zog entgegen aller Erwartungen 200.000 Menschen an.

Immer wieder hatten sich senatsnahe „Einrichtungen" wie die Clubcommission unter Applaus der Berliner Medien gegen die Parade positioniert. In dieser Stadt will man im Sommer leben – Urlaub ist nicht erforderlich. Wer aus einem Kriegsgebiet geflüchtet kommt, kann sich das nicht vorstellen. Er sieht Berlin als das Paradies an. Hier würde er gerne neu als Vorreiter seiner Landsleute im Tourismusgeschäft beginnen. Hier sieht er eine Chance, eine Existenz zu gründen, Gastgeber*in auch für seine Gastgeber*innen zu werden; und er möchte diese Stadt für sich erkunden und sie voller Stolz auch dem eigenen Netzwerk öffnen.

Das Kulturamt Bremerhaven kann von solchen ideellen Vorgaben nur träumen; träumerisch haben sich die Bremerhavener ein Streetfood-Festival ausgedacht. Dort kann Mann und Frau in der Innenstadt formlos einen Stand aufmachen und Besucher bedienen. Eine behördliche Initiative zur unternehmerisch-kulturellen Belebung der Stadt! Klar, Bremerhaven leidet an der Abwanderung der Menschen dort. Der größte Hafen für Fahrzeughandelstransporte (100 Millionen Fahrzeuge pro Jahr) beansprucht jeden fünfte Arbeitsplatz (20 %). Aber was ist mit den anderen 80 %? Es ist düster geworden, weil die Bremerhavener mit ihrem Hafen und dem Service darum nicht zurechtkommen. Sie wollen seit der Borgwardpleite keine Beziehung zu Autos mehr, und der

Hafen? Gehört zur Kfz-Kette. Also kupfert man Berlin ab. In Berlin feiern sich die Stadt-GmbHs mit Millionen Euro selbst: das Pop-Kultur-Event in der Kulturbrauerei oder das von visitBerlin veranstaltete Millionen-Fest „Bestival" füttern mit Steuermillionen Euro die eignen Seilschaften. „Die größte Korruptionsveranstaltung" Berlins (Zitat eines Bezirksbürgermeisters): das Hoffest der Bürgermeisterin kostete den Steuerzahler lediglich 40.000 €. Man feiert sich selbst auf Kosten anderer. Warum geht das in Berlin?

Hier streben alle hin, wenn die Sonne scheint. Warum also nicht einmal mit Nichts anfangen und die mitgebrachte Kultur über das Essen einbringen? Über das Essen identifizieren sich die Regionen des Erdballs. Gut sieht man dies am Beispiel von Taiwan. Die aus allen Regionen Chinas vor dem Kommunismus Geflüchteten konnten sich auf die ehemals japanische Insel Formosa in Sicherheit bringen. Sie haben eigene Kulturgüter vor der „Kulturrevolution" gerettet und haben ihre Küchen aus ganz China auf einer kleinen Insel aufgezogen. Und in Berlin?: Es waren doch auch zwei Inseln! Also machen wir Streetfood im Volkspark Wilmersdorf. Wir eröffnen probeweise einfach einen Stand und bieten Essen an: Pustekuchen. Der Steetfood-Park soll ausgelöscht werden. Die alte Insel verlandet im Brandenburger Sand.

Nun, gut. Ein offener Stand im Park könnte den nächsten Winter ohnehin nicht überdauern. Also sollte man doch zum Lebensunterhalt einen kleinen Laden eröffnen. Theoretisch kein Problem: Wir haben Gewerbefreiheit. Aber die Freiheit wird bürokratisch eingerahmt: Praktisch muss aber der Neu-Berliner erst einen Wohnort begründen und anmelden. Ohne Meldebescheinigung gibt es schlichtweg keine Bestätigung der Gewerbeanmeldung. Das Papier braucht man wiederum zum gewerblichen Einkauf. 110 Bürgerämter plus fünf mobile Bürgerämter betreibt Berlin. Auf dem Papier soll man seine Wohnung innerhalb von 14 Tagen angemeldet haben, weil sonst eine Verwarnung droht. Kinkerlitz? Leider nein, denn je mehr Verwarnungen und Bußgelder man kassiert hat, desto geringer die Wahrscheinlichkeit, bei den Behörden als zuverlässig zu gelten. Bei Unzuverlässigkeit droht der Entzug einer jeden Gewerbeerlaubnis. Nicht wenige Gewerbe stehen nur zuverlässigen Personen offen. Nur: sich in Berlin – berlinweit – anzumelden ist innerhalb der Bußgeldfrist faktisch unmöglich. Es gibt auf länger keinen einzig freien Termin unter sechs Wochen Voranmeldung. Bei Berliner Behörden (wer hätte anderes erwartet) ist eine online Anmeldung nicht möglich. Es geniert auch niemanden mehr, auf seinem Pass als Wilmersdorfer den Stempel von Marzahn zu tragen. Hauptsache angemeldet. Die Behörden schreiben, überlastet zu sein. Wahlen bekommen die Berliner Behörden bekanntermaßen auch nicht auf die Reihe. Hunderte Wahlen in Wahlbüros haben gegen alle Grundsätze der Demokratie verstoßen. Rund 400 Wahllokale müssten die Wahlen eigentlich wiederholen. Demokratie will man im Ausland lehren. In Wirklichkeit arbeitet gefühlt die Hälfte der öffentlich Finanzierten nicht so, wie man es erwarten dürfte. An die Anmeldung eines Fahrzeugs möge man gar nicht denken. Denn schon eine Parkerlaubnis für den Gewerbestandort gibt es nicht mehr. Auto und Gewerbe gelten in Verwaltungen als pfui.

In diesem Rhythmus der Widersprüche geht es dann munter weiter. Eine Gewerbeanmeldung kann von einem Wohnortgemeldeten theoretisch online vorgenommen werden. Nur reicht das dem Finanzamt wieder nicht. Das will eine Steuernummer nur dann zuteilen, wenn man eine Gewerbeanmeldung gestempelt und in Druckform vorlegt und außerdem einen Mietvertrag für das eigene Büro präsentieren kann. Letzteres könnte denn auch daheim sein. Mit sich selbst einen Mietvertrag zu schließen geht nicht, § 181 BGB. Aber warum sollte man unnötigerweise eine Bürofläche anmieten? Diese museale Vorstellung ist immer noch in den Köpfen von Verwaltung, Volk und Medien. Erst kürzlich mokierte sich der *Tagesspiegel* über den heimischen Bürositz des neuen IHK-Präsidenten, dessen Qualifizierung von der Aufgabe des gemeldeten Sitzes seines Büros abhängig gemacht werden sollte. Da verschlafen wohl einige die Realität. Egal: Wenn man dem Finanzamt dann nach Verweigerung der Erteilung einer Steuernummer mitteilt, dass man dann eben keine Steuern zahlt, umgeht man das Hakenformular. Die Steuernummer folgt dann sofort – auch ohne eigenen Firmenstempel.

Kennen Sie das OZG? Das Onlinezugangsgesetz verpflichtet die Bundesländer zur Digitalisierung von 575 Leistungen bis Jahresende 2022. Auch hier ist Berlin Schlusslicht. Erst 80 Leistungen sind digitalisiert bzw. teilweise digitalisiert. Es gibt inzwischen einen Digitalmesser dazu: www.insm.de. Das ist wohl der derzeit beste Beleg für unsere unfähige Politik: sich selbst ein Gesetz geben mit eigens ausgerechneten Zeitlimit und dann nur im Umfang eines Fünftels an die eigenen Regeln halten. Aber hierzulande ist diesen Leuten ja nichts mehr peinlich. Da behauptet jüngst die Bundesaußenministerin, man wisse die Spaltung der Gesellschaft bei der anstehenden Energiekrise zu verhindern. Deutsche Behörden sind noch nicht einmal imstande, innerhalb eines Jahres 1.600 Bewohnern nach der katastrophalen Ahrtal-Flut zugesagte Hilfsgelder auszuzahlen – ausgezahlt wurden ganze acht (!) Bewilligungen. Wenn man schon 1.600 Menschen nicht helfen kann, wie will man dann 83 Millionen Einwohnern Sicherheit geben? Stattdessen erfindet man parallel zum Handelsregister ein Transparenzregister, wo dasselbe drinsteht. Die Hundesteuerabteilungen verpflichten zu einem neuen (privaten+ kostenpflichtigen) Hunderegister, obwohl auch hierzu die Hundesteuerdaten längst bei den Bezirksämtern vorliegen. Apropos Energiekrise: Windräder benötigen 60 behördliche Untergenehmigungen und auf Solaranlagen-Zertifizierungen wartet man zwei Jahre. Bund und Land haben rein gar nichts im Griff und werden nichts steuern können, wenn es darauf ankommt. Statt Innovation und Änderungen zu ermöglichen, dürfen wir im Winter wohl die Energiepolizei erwarten: Beamte messen dann spontan in den Wohn- und Geschäftsräumen, ob man die Raumtemperatur unzulässig hoch geschraubt hat. Die eigens entwickelte vermögenssteuervorbereitende Meldung der Grundstücksdaten über ELSTER ist ebenfalls erwartungsgemäß zum Start zusammengebrochen. Die Anzahl von anmeldepflichtigen Einheiten (rund 36 Millionen) sind nur in der Verwaltung neu entstanden.

Berlin lockt „privat" ein internationales Weltformat an und bietet amtlich eine höchst provinzielle Administration dafür an. Nicht nur, dass der BER bisher weiterhin oft keinen Direktflughafen darstellt; nein, Berlin verliert offenbar auch Easyjet. Die 13-jährigen Schüler*innen Berlins werden auf einen höheren Schultyp neu verteilt und müssen damit wohl die Schulverwaltung auf dem falschen Bein erwischt haben. Nicht selten sollen sie nun 18 km vom Wohnort pflichtgeschult werden. Da heißt es täglich stundenlang im Dunkeln und mehrfach umsteigend an- und abreisen (sofern die BVG funktioniert). Für die Berliner Schulverwaltung kommt auch jedes Jahr Weihnachten völlig überraschend. Tausenden Schülern geht es so. Ein Jahr Vorbereitung reichte der Verwaltung nicht. Die zuletzt Geborenen können die Eltern weder in Kindergärten noch für den Bezug von Elterngeld anmelden. Es ist selbst nach drei Monaten unmöglich, eine Geburtsbescheinigung vorzulegen. In Berlin sind nicht etwa die Verwaltungsgebäude weggebombt worden, sondern die Leistungsbereitschaft der Verwaltung ist dahingegangen. Hierzulande wirft man von anderen schwer verdientes Steuergeld verächtlich zum Fenster hinaus. 500 Millionen Euro wurden allein in Berlin in Testzentren für Corona-Nichtnachweise verpufft. Oft wurde für fiktive Kunden abgerechnet. Bis heute hat sich an der Abrechnungspraxis nichts geändert. Tankrabatte und andere absurde infrastrukturferne Gelddruckausgaben führen zur Dummen-Inflation des Staates (nicht etwa der Krieg im Osten, sonst hätten auch Länder wie die Schweiz und Schweden so etwas wie eine Inflation).

Zurück zur touristisch-gastronomischen Entfaltungsidee: Das Land Berlin und der Bund mieteten für ihre Umsetzungsversuche bereits im letzten bzw. vorletzten Jahr für bis zu 50 € pro Quadratmeter einfache Büro- und Ladenflächen an. So geschehen in der Franklinstraße und am Salzufer, ohne, dass diese Flächen tatsächlich genutzt werden. Als Unternehmer steht man mit seinen Ideen und mit seinen echten Ertragsanforderungen in totaler Konfrontation zu Wettbewerbern, die von staatlichen Steuermittelheizgeldern „aus sozialen Gründen" profitieren. Die Mietpreise explodieren direkt durch staatliche Anmietungen. Will man als Gastronom Mitarbeiter*innen einstellen, dann muss sich der Arbeitgeber inzwischen bewerben. Schon 2020 stellten staatlich finanzierte Teststellen und Impfzentren alles was Füße und Kopf hatte für ab 4.000 € Bruttomonatslohn ein. Jemanden also finden, und den oder die unter 23 €/Stunden anzustellen, ist bei 30 Tagen Wettbewerbsurlaub praktisch unmöglich. Insgesamt haben sich die Fixkosten für den Betrieb eines Restaurants schlichtweg verdreifacht. Das Dreifache anzusetzen, um ein Gericht oder Getränk auszugeben, dürfte viele Kunden abschrecken. Es bedeutet also ein großes Risiko, heute unternehmerisch im Tourismus bzw. in der Gastronomie aktiv zu werden. Wofür macht man das Ganze denn überhaupt?

Jetzt muss man sich für eine Nutzungsgenehmigung letztlich auch bei den Behörden bettelnd erniedrigen – sozusagen auf Knien sterben. Ein bekannter Architekt hat vor wenigen Monaten im *Tagesspiegel* angemerkt, dass Genehmigungsverfahren inzwischen mehr als 15 Monate andauern (übrigens auch für einfache Restaurantflächen). Das stimmt.

Die 15 Monate zählen übrigens ab Einreichung der Baugenehmigung, exklusive der zuvor monatelang abgestimmten und erarbeiteten Planungen und fertigen Fachplanungen. Die Ursachenforschung des Architekten allerdings war falsch. Er meinte, dass in den Verwaltungen zu wenige Mitarbeitende seien. Seit 25 Jahren werden konstant alle ursprünglich behördlichen Aufgaben auf die Privaten übertragen. Keine Behörde schickt amtliche Brandschutzprüfer mehr. Selbst B-Plan-Verfahren werden privat organisiert und bezahlt. Baubehörden sind nur noch Abnick-Behörden, die sich von den Architekten, Brandschutzgutachtern, Statikern, Umweltgutachtern und sonstigen Fachplanern und Gutachtern vorlegen lassen, was sie für gut oder nicht gut empfinden. Ganz nüchtern betrachtet sind viele Behörden von Leistung und Abarbeitung abgekoppelt. Niemand muss bei der Stadtplanung eine Frist einhalten. Es wird auch nicht an das Gemeinwohl gedacht. Je früher eine Nutzung genehmigt wird, desto eher fließen Steuermittel, entsteht Innovation und wird Raum geschaffen. Da aber Baubehörden nach wie vor nicht mehr Wohnraum bauen lassen (auch nicht für soziale Wohnbaugesellschaften), weil sie keine GFZ-GRZ-Überschreitung zulassen und auch nicht dichter bauen lassen als im Umgebungsbestand nach § 34 BauGB, werden die Bodenprobleme der Menschen in Berlin immer größer. Zur Erinnerung: Im Öffentlichen Dienst von Berlin arbeitet pro 17 Einwohner ein Verwaltungsangestellter. Vielleicht sollten die Verwaltungsmitarbeitenden einmal das Gefühl beigebracht bekommen, wie es ist, kein Geld zu bekommen, wenn man nicht leistet. Besser wir tauschen die Hälfte der Öffentlich Bediensteten von Berlin mit anderen Bundesländern oder innerhalb der EU.

Was macht man also mit seiner Kultur- oder Gastroidee? In der Pfalzburger Straße hat jüngst das peruanische Restaurant „Serrano" seine Außensitzplätze von 20 auf 8 behördlich bestimmt reduzieren müssen. Man beerdigt sie gleich, die Gastro-Idee, besser noch sofort, und wird schnell Mitarbeiter im öffentlichen Dienst. Denn nur da sind die Arbeitsplätze relativ sicher – neuerdings wird man auch wieder verbeamtet. Nur kann man nicht endlos Geld drucken, ohne dass die armen Menschen real weder zu essen noch Heizung haben. Irgendjemand muss durch Leistung Geld verdienen und frisches Geld produzieren. Sicherheit ist allerdings auch nur relativ. Wenn man im Berliner Juli den Notruf wählt und nach 15-minütiger Warteschleife wiederum 45 Minten warten muss, bis Rettungssanitäter erscheinen, um die Kopfverletzung des Kindes zu versorgen, ist der Glaube an den Staat endgültig verloren. Hier hat der Senat Rettungswagen aus Kostengründen gestrichen, während in der Bergmannstraße für 1,6 Millionen Euro grüne Punkte auf die Straße gemalt und Parklets gebaut wurden. Sicherlich erscheint demnächst eine gute Statistik zum Erfolg der Rettungsdienste ab Einsatzstart; die schwersten Notfälle haben die Warteschleife nicht überlebt.

Schließlich befragt aktuell das Bezirksamt Mitte mit Beratungsgeldern des Steuerzahlers an die BTE (Tourismus- und Regionalberatung) tatsächlich willkürlich und online Bürger und Betreiber von Attraktionen, wie der Bezirk auf die privaten Betreiber von Restaurants oder Attraktion einwirken soll (https://survey. lamapoll.de/BerlinMitte/). Wer die Befragten tatsächlich sind, wird nicht überprüft. Die „Handlungsbedarfe" der Verwaltung sollen ermittelt oder gerechtfertigt werden. Die Antworten werden so gelenkt, dass man später begründen kann, wie man die Attraktion inhaltlich hin zu behördlich ausgedachter Vielfalt, Nachhaltigkeit, „Authenzität" oder Qualität zwingen könnte. Keine Auswahlmöglichkeiten, wie oft das Land Berlin die Straßen und Parks reinigen sollte, Obdachlose von der Straße bekommt, unsere Sicherheit verbessert wird oder gar mehr Freiheiten und weniger Bürokratie oder Erreichbarkeit der Behörden für Gewerbetreibende erwirkt werden kann: alles Fehlanzeige. Wie soll denn bitte ein Staat dem Privaten pädagogisch oder enteignend irgendwas erklären, wenn er schon seine eigenen

Kernaufgaben nicht erfüllen kann? Das ist dann schon ein besonders freches Ablenkungsmanöver.

Und irgendwann muss sich jeder von uns fragen, ob wirklich die richtigen Personen in Verantwortung sind. Qualifikation und Kompetenz scheinen nicht ausschlaggebend dafür gewesen zu sein, in Verantwortungspositionen gespült worden zu sein. Von dem vielen Steuergeld und Gelddruck ist in den letzten Jahren nichts in Infrastruktur investiert worden. Klar ausgedrückt kann man sagen, dass der Staat unter maßloser Selbstüberschätzung leidet, sich nicht als Dienstleister am Menschen sieht und gleichzeitig den ihn bezahlenden Bürgern und Unternehmen die Grundgegenleistungen verweigert. Dass einem als loyaler Staatsbürger angst und bange wird, wenn das Kaliber aktueller Politiker und deren Verwaltungshorden für Klimaschutz und Versorgungssicherheit sorgen sollen, dürfte logisch sein. Dann ist es aber zu spät. Ist es nicht besser, nichts mehr in Berlin zu machen und zu warten und Scherben einzusammeln? Zur Not gibt es auch viele andere schöne Orte auf diesem Planeten. Jedenfalls muss das Füttern dieses Verwaltungs-Politikapparates auf eigenes Risiko (wirtschaftlich und gesundheitlich) ohne jegliche Gegenleistung gut überlegt sein.

4. September 2022

Nachhaltigkeit ist immer mit Geld verbunden. Nicht allein, weil nachhaltige Konzepte Geld kosten, um sie umzusetzen. Vielmehr bedarf es einer klaren Zielsetzung auf Basis einer Konsensstrategie. Weiß man, welche Big Points zu erreichen sind und konzentrieren wir uns ausschließlich auf jene Big Points, kann eine Konzeptumstellung erfolgreich werden. Beginnend mit dem riesigen Berg an Steuergeldern könnte Europa langfristig wettbewerbsfähig in Sachen Nachhaltigkeit sein. So wie es derzeit läuft, werden wir zu einem Museum.

340 Milliarden Euro Denkvermögen

Und warum Frauen auch nicht die besseren Männer sind

Fast 700 Millionen Euro hat das Berliner Humboldt Forum gekostet.
Nun ist es seit einem Jahr im Vollbetrieb. Besucher aus aller Welt sollen
sich den Bau nebst Ausstellungen ansehen und in privaten Gastronomien gastieren. Was macht man als verantwortungsvoller Betreiber mit
so einem staatlichen Kulturauftrag und Investment?: Die Stiftung
Humboldt Forum schließt das Haus für Besucher inmitten der Ferienzeit
für zwei Wochen aufgrund von Wartungsarbeiten. Als hätten Wartungsarbeiten nicht in einem anderen Zeitraum stattfinden können. Außerdem
droht ersten privaten Nutzern im Humboldt Forum die Insolvenz, weil sie
so kein Geld verdienen können. Ein Wahnsinn, wie in unserem Land mit
öffentlichen Geldern umgegangen wird.

Ein deutscher Inlandstourist gibt für eine Reise nach Berlin das meiste
Geld aus: 1.070 €. Dieses Geld landet dann aber nur vorübergehend
beim Anbieter einer Attraktion oder eines Zimmers. Unternehmer sind
nur noch Lockvögel für Konsumenten und Satelliten des Staates. Nach
Abzug der Umsatzsteuer werden noch einmal 30 % des Gewinnes
abgezogen. Wenn dann der unternehmende Bürger aus seinem
eigenen Unternehmen den Restertrag – soweit noch vorhanden – aus-
zahlt, werden im besten Fall noch einmal „nur" gut 27 % abgezogen.
Als Bürger wiederum zahlt man davon zahlreiche staatliche „Leistungen" wie Rundfunkgebühren, Parkgebühren, Verwaltungsgebühren etc.
Letztlich bleibt vom Bruttobetrag in Jahresrechnung lediglich der spiritu-
elle Winter übrig, in dem man frei leben können soll. Jeder Unternehmer
– sofern erfolgreich – spart sein Geld mühsam für das Alter, Investitionen in das eigene oder in fremde Unternehmen oder für die nächste
Generation. Verfügbare Liquiditätsreserven haben sich nach Geld-
druckinflation später wiederum auch werthalbiert. Nun aber wollen

einige Jung-Politiker ohne jegliche Berufserfahrung oder Leistungsbilanz die verbleibenden 20 % der freien Jahreslebenszeit zusätzlich
absaugen: SPD-Teile wollen Vermögende ab 2 Millionen Euro Netto-
vermögen anzapfbesteuern (nicht mit der durchaus diskussions-
würdigen Übergewinnsteuer oder der Erbschaftssteuer zu verwech-
seln). Es soll eine Reichensteuer her! So sollen 340 Milliarden Euro
zusammenkommen – Gelder, die dringend benötigt würden, um staatliche Aufgaben zu erfüllen. Wegnehmen, Drucken und Ausgeben frem-
der Gelder war schon immer die für Politikköpfe simpelste Lösung –
Raub vor Umsetzungsanstrengung sozusagen. Fast 835 Milliarden
Euro Steuereinnahmen pro Jahr sollen immer noch nicht ausreichen
(2012 waren es noch 600 Milliarden Euro). Warum sollte der Bürger
weitere gesellschaftssuizidäre Gelder freiwillig an Politiker geben? Mehr
Geld bedeutet eher die Steigerung idiotischer Entscheidungen. Wohin
sie uns geführt haben in den letzten Jahrzehnten, sieht man an Inflation
und Zugangsverteuerung der Energie beispielsweise. Wo könnten wir
also stattdessen einsparen?

Zwischenschritt zur Denkweise

„Wir sind nicht von den höheren Spritkosten betroffen, weil wir immer
für 20 € tanken." Diese Logik teilte jüngst ein Berliner Spitzenpolitiker,
als er Anfang August in der *Berliner Zeitung* behauptete, dass die Menschen durch den Tankrabatt nunmehr mehr Auto fahren würden. 2 € pro
Liter teurer Kraftstoff dürfte der einzig relevante Faktor bei der Nutzung
von Fahrzeugen mit Verbrennungsmotor gewesen sein. Niemand ver-
fährt mehr Kraftstoff, nur weil ein Tankrabatt ausgerufen wurde. Hart
getroffen von der Energiepreisvervierfachung sind Menschen mit beruf-
licher Tätigkeit und Unternehmen. Kurzum: Hier einige Lösungsvor-
schläge, wie auch ein unqualifiziert besetzter Staat genügend Verpuf-
fungsgeld haben könnte, ohne sich 340 Milliarden Euro Sonderabgaben
von Leistungssparern zu krallen.

Reduzierung der Quotengelder

21 TV-Sender und Spartenprogramm unterhält der Deutsche Staat durch Zwangsgebühren. Die Vorsitzende der ARD und Intendantin des rbb wurde nun wegen Verschwendung, Spesenbetruges und Korruptionsverdacht fristlos entlassen. Was macht man mit dem zwangseingetriebenem Rundfunkgeld?: Man baut dafür zum Beispiel das Vorstandsbüro aus (rbb: 650.000 €) oder zahlt Boni in sechsstelliger Höhe an Intendantinnen und Direktorinnen. Außerdem zahlt der rbb in sechsstelliger Höhe einfach Gehälter ausgeschiedener Mitarbeiter*innen weiter, was wiederum die Vorsitzende des Kontrollgremiums nicht unterbunden hat. Mit der Präsidentin der Polizei wurde privat gespeist und mit der Chefin der Berlinale wurde wiederum an mindestens einem anderen Abend auf Kosten der Gebührenpflichtigen Champagner geschlürft. Auch die Direktorin des BR hatte zwei Chauffeure beschäftigt. Die Politikchefin des NDR in Kiel schränkt sogleich die Pressefreiheit ihrer Redakteure ein – „Politikfilter" genannt. Zwischenzeitlich ist die Landesfunkhausdirektorin des MDR wegen fehlender Transparenz zurückgetreten und eine BR-Intendantin zögert noch bei vorgeworfenen Autospesen-Themen. Frauen in Chefpositionen sind dann wohl auch nicht die besseren Männer. Das Vertrauen in die pädagogisch lenkenden Medien war vorher bereits zertrümmert. Man könnte in Deutschland auf drei öffentlich-rechtliche Sender reduzieren und die verbleibenden 8 Milliarden Euro Rundfunkzwangsgebühren sinnvoller einsetzen. Die Sender bilden schließlich nicht mehr fort: Erst kürzlich wurde in öffentlich-rechtlichen Wirtschaftssendungen erneut gefragt, was besser sei, um den Staat zu finanzieren: Steuern zu erhöhen oder neue Schulden zu machen? Was ist denn mit einer dritten, immer wieder vergessenen Alternative: nämlich die Absenkung von Ausgaben und Kosten sowie Schranken vor staatlicher Einmischung in das Leben der Menschen? Immerhin frisst der Staat seit 2012 jedes Jahr mehr als ein militärisches Sondervermögen zusätzlich.

Ein guter Anfang wäre also, eingenommenes Geld zunächst vernünftig einzusetzen. Sofern die Mittel dann immer noch nicht ausreichen, muss man sich des Sozialfriedens wegen Gedanken über Spielräume machen. Gut wäre, wenn die Politik grundsätzlich weniger anfasst, um die aus Einmischung folgenden Schäden möglichst gering zu halten. Deutschland leistet sich (Stand heute) tausende Gesetze und Verordnungen mit rund 93.000 Rechtsnormen. Anstatt existierende Behörden schlagfertig zu machen, bürokratisiert der Staat weiter. Die FDP will eine neue Geldwäsche-Behörde. Wie kommen wir also ohne Multi-Milliarden-Vermögensklau weg zu weiteren hunderten Milliarden Euro Spielraum im Haushalt, ohne zu provozieren, dass private Vermögen unser Land verlassen oder für nachhaltige, auch soziale Infrastruktur-Investitionen verloren gehen?

Liberale Kurzsichtigkeit: das Infektionsschutzgesetz
FDP und SPD schaffen schon wieder ein dummes Infektionsschutzgesetz. Im Gegensatz zu Frankreich, England oder den Niederlanden, bei denen alle Beschränkungen von Corona-Maßnahmen aufgehoben wurden, wird man hierzulande mittelbar wieder zur Impfung im Rhythmus von drei Monaten gezwungen. Dass Impfungen Covid-19 nicht ausrotten und außerdem länger als drei Monate wirken sowie Covid-19 keine Landesgrenzen kennt, schnallen weder Sozis noch die angeblich Liberalen. Biontech erzielt auch 2022 wohl 11 Milliarden Euro Gewinn. Was großartig für die Stadtkassen in Mainz ist, dürfte im übrigen Deutschland tatsächlich Verschwendung von öffentlichen Mitteln bedeuten.

Biontech/Pfizer setzen jährlich gut 54 Milliarden um: Der hälftige Umsatz wird mit Impfmedikamenten verdient. 35 Milliarden Euro Umsatz pro Jahr erzielt die Pharma-Industrie mit 180 Millionen Impfungen pro Jahr allein in Deutschland. Dazu kommen die Ausgaben an Ärzte und die Unterhaltung von Impfzentren. Rechnet man 25 € pro Spritztätigkeit, kommen noch einmal 4,5 Milliarden Euro hinzu. Das Einsparpotential liegt also bei etwa 40 Milliarden Euro. Mit gleichzeitiger Einsparung von Raum-Anmietungen kann man immer noch die gefährdeten Gruppen der Bevölkerung kostenneutral impfen. Es ist zusätzlich nicht einzusehen, weshalb der staatlich finanzierte Schutz der Bevölkerung zu wenigen Übergewinn-Profiteuren führen soll.

Was ein Politiker außerhalb der eigenen Realität nicht sieht, ist, dass Infektionsschutzgesetze dieser Art zusätzlich die Veranstaltungsbranche vernichten. 1,5 Millionen Menschen arbeiten in dieser Branche und hatten noch 2019 gut 130 Milliarden Euro Umsatz. Anders ausgedrückt: Mindestens 40 Milliarden Euro Staatseinnahmen an Umsatzsteuer, Lohnsteuer, Einkommenssteuer, Gewerbesteuer und Körperschaftsteuer brechen so weg. Das Kurzarbeitergeld, das die eigenen Sperr- und Verbotsmaßnahmen des Staates zur Ausschüttung bringen, schmälerte die Kassen der Bundesagentur um 24 Milliarden Euro. Die Jung-Politiker wollen nun diese staatlichen Vernichtungsfolgen mit freien oder fiktiv freien Vermögen anderer ausgleichen? Ist das das neue Verständnis von Nachhaltigkeit? Unerachtet der Frage, warum überhaupt noch jemand im Herbst und Winter nach Deutschland reisen sollte: Veranstaltungen, Hotels und Städte insgesamt sind bei unseren Nachbarn ebenfalls schön. In Berlin bekommt der Tourist abschreckend noch einen staatlichen Reiseplan nebst Anleitung zu zulässigem und gewünschtem Verhalten. Das Einsparpotential bzw. die Einnahmegenerierung beträgt hier also pro Jahr noch einmal etwa 52 Milliarden Euro.

Die einfache Streichliste: Subventionen
Der Staat sollte sich bei allem heraushalten, was privat besser erledigt werden kann. Kein Staatsunternehmen ist innovativ. Hier würden wir nicht nur in vielen Einzelbeispielen (wie die 10 Millionen Euro pro Jahr

an die Kulturraum Berlin GmbH) einsparen, sondern gut 2 Milliarden Euro kumuliert pro Jahr für staatlich organisierten Wettbewerb, der zudem Einnahmen des Staates aus privater Unternehmung und Innovation durch private Initiative heraus abwürgt. Darüber hinaus sollten „Förderprogramme", die nichts weiter sind, als Geldwegwerf-Aktionen zur Fütterung eigener Netzwerke, entschieden durch selbst besetzte „Gremien" wie nachfolgendes in Berlin ersatzlos gestrichen werden: *https://www.berlin. de/sen/kultur/foerderung/antragscenter/peku-zg1-1227299.php.*

In diesem neuen Programm bekommen alle Kulturantragsteller pauschal bis zu 75.000 € schwer verdientes Steuergeld geschenkt – bedarfsunabhängig. Es gibt inzwischen große Unternehmen mit Sitz auf Zypern oder in Israel, die sich darauf spezialisiert haben, Fördermittelanträge zu basteln und dafür 20 % der für hiesige Unternehmungen gedachten Geldmittel zu sich als Provision abfließen lassen. Sage und schreibe 47 Milliarden Euro werden 2022 als Subventionen herausgegeben (ohne Energiekostentrickumlagen). Würde der Staat nur noch machen, was wirklich Infrastruktur bedeutet, könnten sofort 30 Milliarden Euro gestrichen werden. Es gibt inzwischen nicht nur zehntausende provisionierte Fördermittelberater und Beratungsvermittler als ganze Industrie, sondern auch auf der Seite der KfW und Landesbanken tausende Stellen, um die gut 2.500 Förderprogramme zu verwalten. Eine moderne Form der Kolchosen-Wirtschaft braucht niemand. Wo bleibt eigentlich die öffentlich einsehbare Ergebnisliste zu allen ausgegebenen Subventionen? Welche öffentlichen Geldmittel führten zu welchem Erfolg oder zu welchem konkreten Ergebnis?

Politikerversorgungseinrichtungen

Wozu braucht es 103 gesetzliche Krankenkassen? Die Leistungen sind identisch, die Bürger könnten auch in steigender Anzahl digital betreut werden. Es braucht keine Kasse unter 2 Millionen Mitgliedern. Bei knapp 280 Milliarden Euro Einnahmen aller GKVs im Jahr 2021 und 5 % Verwaltungskosten – also knapp 14 Milliarden Euro – beträgt das Einsparpotential gut 2 Milliarden Euro pro Jahr nebst Verkaufseinnahmen nicht benötigter Verwaltungsgebäude (etwa 5 Milliarden Euro); insgesamt also etwa 7 Milliarden Euro. Wie das geht, zeigt die staatliche Gesamtkrankenkasse von Taiwan. Dort gibt es nur eine zentrale Versicherung, die Arbeitgeber und Arbeitnehmer insgesamt 7 % der Lohnsumme kostet (weniger als hälftiger deutscher Aufwand) und sie gilt als beste Krankenversicherung der Welt. Deutschland braucht also nicht mehr als zehn gesetzliche Krankenversicherungen.

Das Sekunden-Parlament

Wussten Sie, dass unser Abnickparlament das zweitgrößte der Welt ist? Und dass von den 736 Abgeordneten gut die Hälfte von Listen heraus in den Bundestag eingezogen sind? Sind Können und Erfahrung nicht notwendig, solange der Listenplatz stimmt? Ist Ihnen egal? Nicht egal dürften aber die Kosten von 1 Milliarde Euro pro Jahr für die Unterhaltung dieser Parteisoldaten sein. Dazu kommen die Milliarden Euro Baukosten für die Parlamentserweiterung. Die Halbierung des Parlaments und die Streichung des verschwenderischen Baus spart 1 Milliarde Euro – mindestens, weil erfahrungsgemäß staatlich missgemanagte Bauten am Ende und im Durchschnitt das Fünffache dessen kosten, was budgetiert ist und was private Bauherren dafür ausgeben würden.

Einführung Sozialdienst

Es ist an der Zeit, dass jeder Mensch in Deutschland wieder ein Jahr Dienst beim Staat leistet. Es bietet erhebliche Vorteile: Menschen unterschiedlicher Couleur müssen persönlich miteinander reden und umgehen. Sie stellen sich Aufgaben in sozialen Branchen und gewinnen Kontakt zu Bereichen, die ihnen sonst oft verschlossen wären. Das stärkt den Charakter eines jeden Menschen. Bei knapp 800.000 Geburten im Jahr 2021 und angesichts der Tariferhöhungen des Mindestlohnes sowie Personalmangels in der Pflege beispielsweise könnten damit trotz Auszahlung eines Grundgehaltes jährlich 24 Milliarden Euro eingespart und ein gesellschaftlicher Verantwortungsaustausch organisiert werden.

Judikative

Würde man deutschen Richtern nicht mehr erlauben, umfangreiche Nebentätigkeiten auszuführen (52 % aller Richter*innen), könnte die Verfahrensdauer bei drei statt bisher einem bis zwei Pflichtsitzungstagen in den knapp 1.100 Gerichten der Bundesrepublik halbiert werden. Gut 20.000 Richter und Richterinnen beschäftigt unser Land. Könnte man den Verfahrensaufwand halbieren, hätte man Kosten von etwa 5,5 Milliarden Euro eingespart (5.000 €/Verfahren über die Dauer bei 1,1 Millionen neuen Verfahren pro Jahr). In Berlin dauern inzwischen sogenannte Eilverfahren nicht selten länger als ein Jahr.

Besteuerung von Monopolkonzernen

Ein weiteres Krebsgeschwür unserer Gesellschaft sind Monopolisten wie Google und Amazon. Jede Uber-Bestellung, jeder Tinder-Swift beispielsweise bedeutet Einnahmen für Google Maps. Gut 10 Milliarden Euro verdient Google allein mit Google Maps. Amazon verlangt inzwischen von Lieferanten virtuelle Beteiligungen an jungen und kleinen Unternehmen für den Fall, dass sie irgendwann einmal mehr wert sein werden und Erlöse aus Beteiligungsverkäufen erzielen. Diese Konzerne leisten kaum Steuerzahlungen und wollen ohne Risiko am Erfolg der Kleinen partizipieren ... weil sie dort einkaufen? Warum also besteuert man nicht Meta, Google, Amazon und weitere in Deutschland und der EU aktive Konzerne oder zerschlägt diese nimmersatten Kartelle? Es kann ja nicht richtig sein, dass Marktmacht ausgenutzt wird, um den

Mittelstand zu versklaven. Amazon beispielsweise setzte 2021 gut 37 Milliarden Euro in Deutschland um. Lächerliche 64 Millionen Euro Ertragssteuern wurden 2021 dafür entrichtet. Amazon erzielt weltweit knapp 470 Milliarden Euro Umsatz und erreicht damit 33,4 Milliarden Euro Nettogewinn. Netto-Umsatzrendite = 7 %. Warum schauen also unsere vielen teuren Politiker weg, wenn Amazon in Deutschland gerade mal 0,17 % seines Umsatzes an Steuern bezahlt? Amazon schämt sich offensichtlich noch nicht einmal für seinen bedeutungslosen Beitrag an den lokalen Gesellschaften. Nähme man 2,3 % des Umsatzes im Verhältnis des Weltgewinnes an, hätte man das gut Zehnfache an Steuereinnahmen haben müssen, mithin 740 M€. Warum sollte Amazon besonderen Schutz genießen? Die zehn größten Konzerne mit Normalbesteuerung hinzugerechnet, bedeuten mindestens 5 Milliarden Euro höhere Haushaltsmittel.

Die Deutsche Bahn

Dass die Deutsche Bahn jährlich Milliarden Euro Verlust verursacht und außerdem Züge ausfallen lässt und ständig Verspätungen hat, ist hinreichend bekannt. Es würde für die Bahn unabhängig der heiß diskutierten Frage, ob sie zerschlagen gehört, keinen Leistungsabfall bedeuten, würden dort 50.000 Menschen weniger arbeiten und die vielen Pseudo-Jobs gestrichen. Ersparnis: 4,1 Milliarden Euro jährlich. Natürlich müsste man die etwa 25 qm großen Räume nebst 30 € Raumkosten und Ersparnis von etwa 6 € Nebenkosten pro Mitarbeiter*in und Quadratmeter ebenfalls mitstreichen: 540 Millionen Euro.

Kompetenz und Haftung staatlicher Auftraggeber

Der Bund Deutscher Steuerzahler schätzt die Höhe der Steuerverschwendung von Bund, Ländern und Gemeinden auf 5% der jeweiligen Haushalts-Budgets. Bei den aktuellen Einnahmen bedeutet dies gut 42 Milliarden Euro vermeidbare Verschwendung pro Jahr! Jeder normale Arbeitnehmer haftet persönlich im Verhältnis seines Einkommens für fahrlässig verursachte Schäden. Warum also sollten Politiker und Verwaltungsbeamte nicht ihrerseits für entstehende Schäden an der Gemeinschaft im Verhältnis ihres jeweiligen Beamtensoldes haften? Bei bis zu 50 Tagen Jahresurlaub, gesicherten Pensionen sowie außerdem früher Pensionierung und höchstem Krankenstand in Deutschland wäre dies wohl zumutbar.

Beamtensolidarität

Ganze 77 Milliarden Euro gibt unser Staat jährlich aus, um die vielen Staatspensionäre zu bedienen. Wenn man schon Beamte nicht bitten darf, in einer Wohnungsnot zu große Wohnräume mit kleineren zu tauschen: Eine Sonderumlage für die Gesellschaft wäre eine sinnvolle Idee, um die lebenslangen Vorzüge im Staatsdienst nun in einer Krise zurückzuzahlen. Jeder ehemalige Staatsdiener könnte durchschnittlich 20 % seiner Pensionen abgeben – natürlich gestaffelt nach Beschäftigung (z.B. Oberstudienräte, Abgeordnete usw. 40 %, Polizisten 10 %). Man hätte dann 14 Milliarden Euro eingenommen.

Transparenzbeteiligungsfonds

Allein mit dieser Liste – gleichwohl nicht detailliert genug – kommen gut 235 Milliarden Euro zusammen. Geld, das wir dringend benötigen, um jahrelange Versäumnisse der Energie- und Klimapolitik auszugleichen. Außerdem wird die Aufrecht- und Ruhighaltung des Mittelstandes sowie der Familien unseres Landes eine Herausforderung. Das vorhandene Budget reicht jedenfalls offensichtlich aus und statt wegzunehmen, könnte man auch umgekehrt denken: Warum bei konkreter Gegenleistung und direkter Steuerungsmöglichkeit nicht zusätzlich Gelder von Menschen in diesem Land erbeten? Wir legen also einen Transparenzfonds auf, der 105 Milliarden Euro enthält. Rein rechnerisch müsste jeder Bürger lediglich 1.200 € hier einzahlen. Gleichzeitig streicht man

Landes- und Bundesmittel, die nicht direkt oder indirekt reine Infra-strukturvorhaben finanzieren, und senkt Steuern und Abgaben der Leistenden. Dies gilt ebenso für Energie, Bildung, Straßenbau, Digitales, Militär wie für Soziales. Jahresbudgets werden komplett gestrichen. Über einzelne Vorhaben wird in einem Transparenzportal abgestimmt. Jede(r) kann sich mit mehr Geld beteiligen, Einkommensschwache erhalten gleiches Stimmrecht. Der Staat müsste mit voller Transparenz konkret seine Projekte vorlegen und man würde entsprechend votieren, ob ein konkretes außer-infrastrukturelles Vorhaben (weiter)finanziert wird oder nicht. Das macht Haushaltspolitik transparenter, direktdemo-kratisch und verhindert wohl, dass Lobbys, unqualifizierte Politik und ideen- und interessenlose Verwaltungsleute Geld aus dem Fenster werfen, ohne dass die Bürger selbst Verantwortung dafür tragen. Zudem gäbe es keine Jahresbudgets, die die Abteilungen künstlich hochhalten, um diese im darauf folgenden Jahr erneut gesichert zu haben. Eine Gesellschaft könnte außerdem philosophisch darüber nachdenken, wie Erbschaftssteuer so reformiert wird, dass alte Vermögen nachhaltig werden; also immer wieder in Mensch und Unternehmung steuersparend investiert werden (müssen).

Fazit: Es braucht also keine Raubzüge gegen diejenigen, die durch Arbeit und Unternehmertum persönliche Risiken für ihre Gesundheit und ihr Vermögen eingegangen sind, um die Gesellschaft mit genügend Geldmitteln auszustatten. Es sind nur konsequente und einfache Maßnahmen notwendig, um den Staatsbetrieb wieder vernünftig und krisenflexibel auszurichten. Andernfalls wird in Deutschland passieren, was derzeit in Russland oder China-Hongkong geschieht: Braindrain hunderttausender Menschen weg aus Museums-Deutschland hin zu freien, dynamischen, sonnigen und gerechteren Orten dieser Welt.

3. Oktober 2022

Wir sind nicht tot. Wir hören nur auf zu leben

Zur Frage, ob sich der Tod auch künftig noch finanzieren lässt
Politik denkt, dass die Menschen dumm sind. Dumm genug zu
glauben, dass der 300 € September-Energiekostenzuschuss für Bürger
mehr als 170 € netto bedeutet. In Krisenzeiten zeigt sich, ob Politik und
Verwaltung können oder eben nicht: Letzteres trifft zu. Leider. Zwei
Jahre Gesundheitspolitikwahnsinn und ein Jahr neue Wirtschaftspolitik
reichen aus, um 250 Jahre Industriegeschichte zu vernichten und
unser Land zu de-industrialisieren. So gesehen hat Berlin einen großen
Vorteil gegenüber anderen Bundesländern: Berlin hat nach dem Ende
des Zweiten Weltkriegs, aber auch nach dem Fall der Berliner Mauer
keine relevante Industrie behalten oder ansiedeln können. Damit betrifft die Industrieenergiekrise eher andere Teile des Bundesgebietes.
Um die Energiekrise insgesamt abzumildern, lässt Berlin dennoch
alle Außenfassadenbeleuchtungen ab 22 Uhr abschalten. Das spart
umgerechnet 0,045 % an Stromkosten in dieser Stadt. Alles wegen des
Showeffekts also. Würde man es ernst meinen, verböte die Stadt die
Nutzung von Fahrstühlen und Rolltreppen. Damit sparte man 0,4 TW/h
ein. Das hätte nicht nur den Effekt, dass wir rund 3 % des gesamten
Stromverbrauchs dieser Stadt einsparen würden, sondern die Menschen auch in Bewegung kämen, was wiederum der Gesundheit aller
zugutekommt.

Einen weiteren positiven Gesundheitseffekt erreichen wir, würden wir
die gut 1,5 Millionen neuen Pedelecs in Deutschland pro Jahr durch
einfache Fahrräder (0,9 Millionen pro Jahr) ersetzen (2021). Inzwischen
radeln über 10 Millionen Pedelecs in Form von City-Bikes, Mountain-
bikes und Cargo-Bikes durch Deutschland. Den Stromverbrauch und
die Entsorgung der durchschnittlich 13 Jahre haltbaren Akkus kann
sicher jeder selbst errechnen. Die meisten Fahrräder werden übrigens

in Kambodscha und Bangladesch hergestellt. Industriebetriebe für Fahrräder „Made in Germany" haben es in Deutschland bekanntermaßen schwer. Die körperliche Fitnessverpflichtung findet sich jedoch nicht im politischen Schwerpunkt deutscher Gesundheitspolitik. Dort konzentriert man sich darauf, Kinder und Jugendliche von Bildung fernzuhalten und außerdem durch neue Zertifizierungs- und DIN-Vorschriften (schon einmal etwas von MDD, AIMDD, IVDD, MDR, IVDR oder ISO 15189 gehört?) Innovation, kleine Stückzahlen von Medizinprodukten und kleine Labore zu zerstören.

Nun sollen bis zu 200 Milliarden Euro frisches Druckgeld die Belastung von Bürgern und Unternehmen als Gaspreisbremse abmildern. Umgerechnet 10 bis 16 Monate reicht dieses Geld, um allein die Energiekostenerhöhungen abzufangen. Was dann? Bei unseren Regierungen zerbröselt so der Euro-Wert ebenso wie der Glaube des Wahlvolks daran, dass Mathematik Bestandteil politischer Arbeit ist. Nach wie vor fällt kein einziges Wort über einen strategischen, nachhaltigen Plan für die Zukunft oder zu konkreten operativen Umsetzungsmaßnahmen für die kommenden Jahre. Erforderliche Infrastrukturprojekte wie die Erneuerung von Versorgungsleitungen (weg vom Gas) in einer Stadt im Rahmen von Raumordnungsverfahren sind noch nicht einmal begonnen. Allein die fünf größten Energieversorger Deutschlands haben 2021 gut 312 Milliarden Euro umgesetzt. Der Strompreis ist seit Ende 2021 um 100 % gestiegen. Der Preis für Heizöl hat sich ebenso verdoppelt. Die Gaspreise haben sich verviereinhalbfacht. Es ist auch nicht sichergestellt, dass sich die Kosten nicht weiter erhöhen. Schätzungen behaupten eine künftige Verachtfachung. Vorbereitungslos entstehen so abermals verpuffte Druckgeld-Schulden, die die Kinder und Kindeskinder des Landes werden zurückzahlen müssen. Was folgt, ist die Hoffnung, dass die aktuellen Kriegsregionen keine Ausweitung und die Kämpfe ein Ende finden. Wie lautet der Alternativplan? Nun ja. Wer in

Berlin in diesem Winter als bürgender Gastronom oder Anbieter einer Sehenswürdigkeit einen Raum für die Dauer eines Mietvertrages oder im Eigentum offenhalten will, der muss sich etwas einfallen lassen. Während derzeit die teuersten Unternehmensberater der Welt gegen hohe Stundenhonorare auf Kosten der Steuerzahler nachprüfen, ob 10-€-Belege der seinerzeit zwangsgeschlossenen Attraktionen und Gastronomien für die Corona-Schadenersatzzahlungen richtig vorliegen, rechnen die Unternehmer das künftige Überleben im Winter aus:

500 qm Ausstellungsfläche ganzjährig zu betreiben, bedeutet in diesem Winter wohl um etwa 10.000 € höhere Betriebskosten durch Heizung und Strom (monatlich). Nimmt man außerdem 15 Personen Personal an, die ihrerseits höhere Ausgaben haben und verständlicherweise deshalb einen um 15 % höheren Bruttolohn einfordern, um davon wiederum wenigstens die aktuelle Inflationsrate von 8 % auszugleichen, steigen die Kosten der Betreiber konkret um weitere 11.000 €. Dies ergibt also einen um 21.000 € höheren monatlichen Aufwand bei Lohn und Betriebskosten. Dazu kommen gleichwohl auch weitere höhere Kosten wie Indexmieten ab 2023, Ausgaben für Toilettenpapier, Software usw. Einfach überschlagen muss also ein Unternehmen wie eine Attraktion mit obigem Beispiel mindestens 30.000 € monatlich mehr berappen. Dabei sind die Leistungen, die den Besuchern angeboten werden, unverändert. Geht man dann von der branchentypischen Umsatzrendite von 8 % aus und nimmt an, dass die Anzahl der Besucher*innen zuletzt bzw. 2019 ausreichend war, rutscht die Attraktion in ein Minus von gut 5 % des Umsatzes. Sie „erwirtschaftet" unsubventioniert folglich einen sechsstelligen Jahresverlust. Keine Attraktion ist ein Monopol, bei dem der Anbieter einfach durch Preiserhöhung reagieren kann. Niemand hat Interesse, Restaurants oder Ausstellungen zu Orten zu machen, zu denen sich nur noch Reiche Zutritt leisten können. Was also tun? Soll die private Einrichtung nun

Geld in sechsstelliger Höhe zuschießen, wenn es möglich ist? Folgt die Insolvenz? Wofür macht man das alles und vor allem: Wie lange wird dieser Zustand andauern?

In Berlin gibt es 147 Museen und 391 Ausstellungen (Stand 2019). Natürlich wird es die vielen staatlich-pädagogischen Einrichtungen kaum betreffen. Dort werden sicherlich die Kosten einfach aus Haushaltsgeldern, neuen Schulden und Raubzügen gegen die Privaten finanziert.

Am Beispiel des Humboldt Forums sieht man, dass es völlig egal ist, ob die Besucher*innen in der Sommerzeit wochenlang wegen Wartungsarbeiten das Gebäude größtenteils nicht betreten durften. Es kam auch zuvor kaum ein Besucher in das Kunstkonstrukt. Niemand schaut sich im Detail an, woran es liegt. Man habe schließlich einen anderen Auftrag abseits wirtschaftlicher Kennzahlen. Zur Erinnerung: Die Stiftung Preußischer Kulturbesitz benötigte 2021 etwa 370 Millionen Euro und rechnete mit weniger als 12 Millionen Euro an Eintrittsgeldern. Da machen einige Millionen Euro höhere Betriebskosten keinen Unterschied. Die Menschen in unserem Land bezahlen das bestimmt gern – werden dazu allerdings nie befragt.

Zurück zu den Privaten: Gut 9.800 Gastronomien, 200 Clubs, 704 Beherbergungsbetriebe mit knapp 140.000 Betten bietet Berlin. Mit etwa 250.000 Mitarbeitenden sind diese Betriebe und Unternehmen der wichtigste wirtschaftliche Motor der Stadt.
Nun stelle man sich vor, dass alle durchschnittlich 5 % ihres Umsatzes cash hinzuschießen müssen. Operativ waren die Jahre 2020 und 2021 ohnehin angespannt. Hinzu kommt das Damoklesschwert der Gesundheitswillkür, abermals Einrichtungen bei Kapazitäten zu begrenzen, in Clubs nur mit Maske tanzen zu dürfen und – nicht zu vergessen – der Umstand, dass weniger verfügbares Geld den Bürger auch alles an

Konsum streichen lässt, was man nicht zum Leben braucht. Es wird also so oder so ein harter Winter.

Wir dürfen außerdem gespannt darauf sein, wie die Politik reagiert, wenn sich keine neuen Unternehmen mehr gründen. Die Leitzinserhöhung führt dazu, dass neue Unternehmen mindestens 4 % Zinsen für fremdes Geld werden zahlen müssen. Außerdem muss die Bonität der Unternehmer*innen verbessert und die Eigenkapitalquote höher sein, und das bei kürzeren Laufzeiten. Erschwerte Geldbeschaffung bzw. „teureres" Geld ist ein notwendiges Übel der jahrelangen Gelddruckpolitik, um die ausufernde Inflation zu bekämpfen. Leider folgt hieraus eine sich über Jahre hinweg aufbauende Hürde für junge, vermögenslose Menschen mit Ideen, die an Geld kommen wollen. So werden Innovation und Chancengleichheit für Menschen dahinschmelzen. Unsere ideenlosen Politiker haben dagegen kein Rezept. Der Staat wird nur immer weiter aufgeblasen.

Erinnern wir uns daran, dass in Europa noch vor gut 15 Jahren mehr Gas produziert wurde als in Russland. Heute hat Deutschland nach Bermuda den höchsten Strompreis der Welt. Da ist weder allgemein über das sogenannte „reshoring" noch konkret über die Ansiedlung energieintensiver Technologien wie die Entwicklung und Herstellung von Halbleitern nachzudenken. Alle großen Produktionsunternehmen denken über die Abwanderung nach Indien oder die USA nach. Dort findet man noch Fachkräfte, hat Zugang zu dauerhaft niedrigen Energiepreisen und immerhin eine gewisse politische Verlässlichkeit. Die Argumente des deutschen politischen Establishments sind also dümmlich, ideologisch verseucht und letztlich die psychopathische Logik von schizophrenen Träumen. Es geht der Regierung darum, dass das Volk merkt, dass da jemand regiert. Im Grunde könnte man die Regierung ignorieren und das Wahlrecht auf Insassen von Irrenanstalten beschränken. Das Wahlergebnis wäre das gleiche und die Einsparungen wären enorm. Der aktuelle Bundeswirtschaftsminister bräuchte dann auch nicht die Veröffentlichung des Kostenbedarfs der Netzbetreiber mit verknüpfter weiterer Strompreiserhöhung krampfhaft vom 1. auf den 17. Oktober zu verschieben, nur weil in Niedersachsen am 9. Oktober gewählt wird und diese schlechte Nachricht so nicht zu Direktreaktionen führen kann.

Schauen wir uns einen anderen Aspekt in Berlin an: Hierzulande werden nach wie vor Genehmigungen zur Eröffnung einer Gastronomie oder einer Ausstellung oder für den Bau eines Hotels mit riesigen Hürden versehen. Für die Beantragung einer Bau- und Nutzungsgenehmigung gehen Jahre ins Land. Wehrt man sich gegen willkürliche Entscheidungen von Behörden oder schlichtweg gegen das Nichtstun, vergehen bis zum ersten Termin beim Verwaltungsgericht in Berlin fünf Jahre. In zivilrechtlichen Eilverfahren zum Kammergericht vergehen zwei Jahre. Man kann hier getrost behaupten, dass die Rechtspflege stillsteht – so wie in afrikanischen Bürgerkriegszonen. In unserem Land allerdings werden sinnbildliche Todesurteile nicht mehr ohne Verfahren gefällt. Das nennt man dann „zivilisierten Rechtsstaat". Das Todesurteil fällt dennoch durch die simple Realität. Mit den Worten des aktuellen Ministers: „Wenn wir Glück haben und sparsam sind und das Wetter mitspielt, haben wir eine Chance."
Für die Regierungen in Deutschland ist Erfolg und Verantwortung ein Glücksspiel. Unser Land ist am Ende.

1. November 2022

Rückzug ins Private

Wer kennt sie nicht: Filme wie Matrix, Tron, Surrogate oder Ready Player One. Im letztgenannten Film schaffen sich Menschen Spielfiguren in anderen Welten, gewinnen Eigenschaften und Fähigkeiten hinzu und setzen diese ein, wenn sie ins Risiko gehen. In Japan sind solche Filme oder Animés lange bekannt und perfektioniert. So auch Sword Art Online (SAO), in dem reale Menschen in ein gemeinsames Universum (virtual universe) abtauchen können. Mit speziellen Geräten wird das Gehirn des Menschen ausgelesen und stimuliert. Man tötet Widersacher, gewinnt Erfahrung und kann in höhere Level aufsteigen. Eigene virtuelle Welten bleiben jedoch nicht ohne Gefahr. Man kann tatsächlich selbst darin sterben. Was vielen bereits mit diesen Zeilen als Horrorvorstellung erscheint, dürfte einigen der 196 Weltstaaten die Schweißperlen auf die Stirn treiben. Geld ist digital und Geografie – also der Ort des Log-ins sozusagen – wird irrelevant und frei von staatlicher Kontrolle?

Eines der bekanntesten virtual universes ist das 2015 auf einer Plattform betriebene Decentraland. Man kann es sich so vorstellen, dass auf einer öffentlich zugänglichen digitalen Plattform gut 90.600 Landparzellen bestehen, die entweder von der plattformbetriebenen Foundation gehalten werden oder aber von privaten Landeigentümern, die das Land halten oder entwickeln. Bei einer Entwicklung werden beispielsweise Marktplätze errichtet oder Gebäude, die wiederum selbst gestaltet, betreten oder auch wieder vermietet oder verkauft werden können. Es handelt sich also vereinfacht ausgedrückt um eine Parallelwelt in 3D. Jeder kann sich einen eigenen Avatar gestalten und mit diesem dann zu jeder Tages- und Nachtzeit durch jene 3D-Welt in Gestalt ihm zugewiesener Pixel laufen. Die Welten haben öffentliche Zentralplätze und inzwischen auch verschiedene Distrikte. So gibt es ein Fashion-Viertel oder Konzertplätze. Inzwischen befindet sich auch die Botschaft von Barbados dort und die Katholische Kirche.

Hochzeiten mit 6.000 Teilnehmern oder politische Demonstrationen sind bereits in 3D organisiert worden. Nun, Emotionen durch Umarmung und Küsse muss man sich in Ermangelung der mechanischen Hirnstimulation noch vorstellen. Es entstehen völlig neue Wertschöpfungsketten: Das DDR Museum beispielsweise kann seine Räume jungen mittellosen Ausstellern überlassen, die wiederum Ausstellungen in 3D Gästen aus aller Welt präsentieren können. Das Museum Baberini in Potsdam könnte 200 Jahre alte Kunstwerke von Monet präsentieren, ohne dass Einzelne diese mit Kartoffelbrei beschmieren. Menschen, die weniger betucht sind, um sich Reisen zu leisten, bekommen einen nahezu barrierefreien Zugang. Globaler Austausch ohne Klassenunterschiede könnte möglich werden.

Wie immer braucht es beim Tauschhandel für Raum, Zeit, Parzelle, NFTs (digitale, unveränderbare Werke, die in der Blockchain einen bestimmten, überprüfbaren, unteilbaren und unersetzbaren kryptografischen Token darstellen) eine Währung. Im Decentraland heißt die Währung MANA. Die wahrscheinlich größte Hürde ist, sein FIAT-Geld (Euro, US-Dollar, Pfund usw.) in MANA zu tauschen und umgekehrt. Die MANA-Token sind ERC-20-Token auf Ethereum-Basis. Man muss diese wiederum verbrennen, um LAND-Tokens (ERC-721-Tokens) zu erwerben – die zweite Währung im Decentraland. Das klingt recht kompliziert – und ist es auch. Es dauert, sich zu registrieren und insbesondere zu verifizieren. Um Geldwäsche vorzubeugen, werden alle Menschen durch Vorlage ihrer IDs, aber auch realer Verbrauchsrechnungen von beispielsweise Strom oder Gas verifiziert. So kann man wie in jeder Blockchain immer jede Transaktion auch rückwirkend nachverfolgen.

Das sogenannte Web 4.0, in dem alle User dieses Planeten unabhängig von geografischen Standorten aus ihren vier Wänden heraus, aber emotional und physisch begrenzt hinter einer VR-Brille eine andere Welt betreten, hat Grenzen. Die virtuelle Welt sieht teilweise wie zu Beginn der 80er-Jahre aus. Natürlich wird sich der Mensch auch hier wieder fragen müssen, woher all die Energie kommt und wo die Informationen einer Blockchain (Web 3.0) gespeichert und vorgehalten werden soll. Die zentrale Speicherung birgt zahlreiche Risiken, das dezentrale Speichern kostet Energie und macht die Systeme langsam, wie man von Bitcoin weiß. Außerdem soll es in Deutschland bald weder Atomkraft und Gas noch Kohle zur Stromproduktion geben. Sechs Windräder müssten täglich gebaut oder erneuert werden – und zwar über die nächsten vier bis fünf Jahrzehnte, wenn der heutige Energiebedarf ermöglicht werden soll.

Es bleibt ein Spaß sich vorzustellen, die real verrückte Welt einfach auszuschließen und sich von allem zu lösen, was abhängig macht – darunter staatliches Geld, Medien und Glaubenseinrichtungen wie Kirche und Partei. Es lohnt, am Anfang dabei zu sein, die eigene Attraktion zu gestalten und Besucher aus aller Welt zu empfangen, Kunstwerke zu schaffen und eine andere Welt als Pionier aufzubauen. So kann der Mensch vielleicht auch als Kind Pirat werden, ohne als Erwachsener einäugig mit Holzbein herumlaufen zu müssen, wenn reale Politik empfiehlt, Hormonblocker zu nehmen.
Vielleicht wachen auf diese Weise die realen Menschen auf, wenn sie erkennen, wie einfach es eigentlich sein kann, sie in die Bedeutungslosigkeit zu schießen – mitsamt dem eigenen sozialen und familiären Leben. In einem Metaverse muss sich allerdings jedes Lebewesen fürchten, sobald Riechen, Schmecken und Fühlen nur noch Gehirnstimulationen sind und der Abgleich mit der Realität verloren ist. Kombiniert man hierzulande Flucht vor Realität und Energieschwund für die Fiktion, so kommen wir vielleicht sogar in eine dritte Welt: dem Amishland.

Das Neue Berlin –
eine Marke der Eulenspiegel Verlagsgruppe Buchverlage

ISBN 978-3-360-02753-5

1. Auflage 2022
© Eulenspiegel Verlagsgruppe Buchverlage GmbH, Berlin
Frontispizfoto: Adrian Serini
Umschlaggestaltung: Benedikt Montaser

Printed in EU

www.eulenspiegel.com